致胜桥牌约定叫系列丛书之一

竞叫中的加倍

[美] 巴迪·塔克 著
宋军 译

成都时代出版社

四川省版权局
著作权合同登记章
图进字 21-2017-592 号

图书在版编目（CIP）数据

竞叫中的加倍 /（美）巴迪·塔克著；
宋军译 .-- 成都：成都时代出版社，2017.7
（致胜桥牌约定叫系列丛书；之一）
ISBN 978-7-5464-1903-9

Ⅰ．①竞… Ⅱ．①巴…②宋…
Ⅲ．①桥牌－基本知识 Ⅳ．① G892
中国版本图书馆 CIP 数据核字（2017）第 158461 号

竞叫中的加倍
JingJiao Zhong De JiaBei
［美］巴迪·塔克 著
宋军 译

出 品 人 石碧川
责任编辑 曾绍东
封面设计 陈二龙
版式设计 陈二龙
责任校对 陈 硕
责任印制 干燕飞

出版发行 成都时代出版社
电 话 （028）86619530（编辑部）
（028）86615250（发行部）
印 刷 成都金龙印务有限责任公司
规 格 140mm×210mm
印 张 3.5
字 数 85 千字
版 次 2017 年 10 月第 1 版
印 次 2017 年 10 月第 1 次印刷
印 数 1-6000 册
书 号 ISBN 978-7-5464-1903-9
定 价 22.00 元

目 录

前言

竞叫中最常见的加倍是各种类型的排除性加倍，这类 ×2 倍占据了所有加倍中的绝大多数。设计这些加倍的用意就是希望同伴叫出未叫过的花色。牌点范围基于以下因素：

• 你的位置——开叫人，应叫人，争叫人，或者争叫人的同伴（有时称为推进者）；

• 你的同伴被迫在什么样的阶数叫牌。

加倍所显示的花色取决于叫牌进程。

此外还有另外两种加倍，高限加倍（Maximal Doubles）以及支持性加倍（Support Doublcs），在竞叫中用来显示配合的程度，你会发现这两种加倍同样有用。

在下列表格中，列举了竞叫中每一种加倍的简明用法以及哪位牌手有可能使用这个加倍。

加倍名称	位置	描述
排除性加倍	争叫人	开叫牌力，开叫花色短，其他三门至少有三张（如果敌方叫了两门花色，加倍表示其他两门花色每门至少有四张）。
负加倍	应叫人	6^+点，表示持两门未叫花色；或者在仅有一门高花被叫过的情况下，表示另一高花至少有四张。
应叫性加倍	推进者	6^+点，表示两门未叫花色均有至少四张。
金鱼草加倍	推进者	6^+点，在三门花色被叫过之后，加倍表示未叫花色至少五张，在同伴叫过的花色上有限支持（通常是双张）。
平衡加倍	争叫人	当叫牌结束在低阶时的加倍，显示敌方花色短（0－1－2）。
重开叫加倍	任何位置，但开叫人最常使用	在任何叫牌进程后，加倍表示希望叫牌继续但没有合适的叫品。总的来说是希望同伴叫牌，但同伴可以不叫，将加倍转化为惩罚性。
支持性加倍	开叫人	竞叫中开叫人的右手敌方争叫低于二阶应叫花色时使用。
高限加倍	开叫人（偶尔是推进者）	竞叫中，开叫人的右手敌方在三阶以花色争叫，所叫花色的级别正好比开叫人和应叫人叫过、并加叫过的高花低一级时使用。

在接下来的篇幅中我们将具体介绍使用每一种加倍的要求，以及同伴将如何应叫。

排除性加倍

排除性加倍是由争叫人做出的加倍。当敌方开叫一个花色，而争叫人“加倍”时，这个叫品表示：

• 在开叫花色上是短套（0－1－2）；

• 11$^+$大牌点（除非加倍阻击叫。在这种情况下，加倍方应有更好的牌力——要么有更多的大牌点，要么有更好的牌型，足以弥补同伴被迫在三阶或者四阶水平做出应叫）；

• 在其余三门花色每门至少有三张。

注意：如果开叫的是两套花色，加倍只保证未叫过的二门花色中每门四张，但并不保证开叫的两套中具体哪门是短套。

如果同伴加倍而你的右手敌方（RHO）不叫，你必须叫牌。如果右手敌方叫牌了，你仍然可以参与叫牌，但不是必须的。

通常情况下，加倍方的同伴将叫出最长的花色。他的大牌点（HCPS）决定了叫牌的阶数。当持有：

• 0～9点，在最低的阶数出套；

• 9$^+$～12点，跳一阶出套；

• 12$^+$点，考虑合适的进局定约。

一个例外的情况是，当同伴在敌方开叫低花后做出排除性加倍，而你有10$^+$点同时在二门高花上至少都有四张时，你可以采用扣叫（叫开叫人的花色）并要求同伴叫出其最长的高花套。在二门高花持有相同张数，11～15点时，加倍方选择叫红心。

偶尔的情况，当你在一门高花或一门低花之间选择时，你可能会叫高花套（尽管高花张数比低花要少），因为得分多的原因，或者是因为能够在低阶叫牌上占据花色的优势。例如：

北	东	南	西
1♡	加倍	不叫	？

因为南家不叫，无论有多少牌点，西家都必须叫牌。西家持有：

♠Q765　♡73　♢A8543　♣54

西家持更长的方块，但他能够在一阶叫黑桃，如果他能够完成这个定约，将比方块定约得分更多。于是西家应叫1♠。

加倍方的同伴永远不应该选择开叫人的花色作为将牌。要记住，加倍方在敌方开叫的花色上是短套，不可能在敌方的花色上有支持。

排除性加倍后选择无将定约，只在少数情况下是正确的，尤其是开叫高花后，因为你知道敌方有长套可以首攻并建立赢墩。只有具备以下条件才可以考虑无将定约：

- 有一个止张（敌方长套上有大牌）；
- 没有你愿意叫的长套；
- 建设性的牌力（8^+点）。

同伴叫牌后，加倍方还有再叫的机会。加倍方应该牢记于心：自己的第一次叫牌（加倍）已经表述了自己的持牌情况，同伴的应叫传递了什么样的信息。

加倍方需要考虑：

- 同伴有多少牌点；
- 同伴叫出的花色承诺的张数；
- 敌方是否再次叫牌？

上述所有因素都将影响加倍方在下一次叫牌时选择不叫还是叫牌。通常而言，除非应叫人承诺了牌力和所叫花色的长度，否则加倍方在下次叫牌时将选择不叫。

加倍方持低限牌力仍继续叫牌的唯一例外情况是如下叫牌进程：

北	东	南	西
1♣	加倍	1♠	2♡
2♠	?		

西家在没有义务的情况下自愿应叫。西家必定有一些牌力

（6～8 点）。如果东家在 2♠之后不叫，西家就无法确定东家是四张红心，还是仅有三张。因而，如果有四张红心支持，东家应该再叫，这并不显示有额外牌力。

北	东	南	西
1♣	加倍	不叫	1♡
2♣	？		

西家没有跳叫，既没有显示额外牌力，也没有表明具体的红心张数。然而，假如东家不叫，敌方就可以主打 2♣定约。如果东家有四张红心以及一手合格的（12^{+}点）加倍牌，就可以加叫 2♡，这个叫品并不是邀叫。

北	东	南	西
1♣	加倍	不叫	1♡
不叫	？		

由于南家不叫，因此西家被迫叫牌，目前而言东西掌握了定约。如果在这种情况下东家加叫，这是“自由”加叫。在不需要叫牌就可以使自己或者同伴主打的情况下选择加叫，就是自由加叫。在上述叫牌进程中，东家加叫红心表示四张红心支持，并且邀请同伴有 6～8 点时加叫进局（由于同伴没有跳叫 2♡，因此东家知道同伴牌力少于 9 点）。

上述竞叫过程的区别在于，东家和西家最初叫品所承诺的牌力和长度，以及敌方采取的行动。

必须对排除性加倍做最后一点说明。这是排除性加倍规则的例外情况。当争叫人有 18^{+}点牌力（或者基于长套和牌力有相同的价值），他希望告诉同伴自己持一手比简单争叫强得多的牌。

持这样一手牌，争叫人先加倍然后再叫自己的长套（或者无将）。加倍“听上去”像排除性加倍，但随后的叫牌显示这个加倍是“显示牌力的加倍”。直到争叫人的第二次叫牌，推进者才能意识到其中的差异。

叫牌进程如下：

北	东	南	西
1♣	加倍	不叫	1♡
不叫	?		

如果东家第一次加倍，然后再叫新花色或者无将，他显示有18⁺点牌力并且邀请进局。如果西家（推进者）有“一个赢墩以及花色配合”，就应该加叫进局。一个赢墩指一个A，一个K，或者将牌有配合时旁门有单张或空门。配合指有三张支持，或者在东家的花色有A′，K′或者Q′。如果所持长套恰好是同伴的应叫花色，东家可以再叫3♡或者4♡，取决于在同伴有四张红心的前提下，他认为联手可以拿到多少赢墩。

牌例 1 双方无局

北发牌

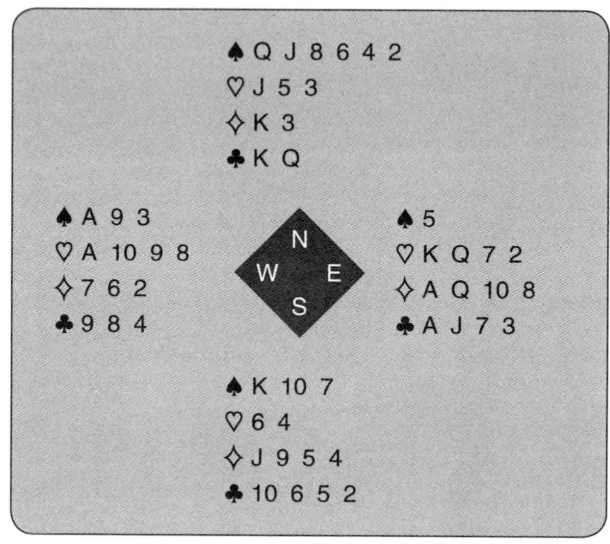

西	北	东	南
	1♠	加倍	不叫
2♡	不叫	3♡	不叫
4♡	全不叫		

东家的加倍是显示黑桃较短的排除性加倍，11^{+}点牌力并且在其他三门至少各有三张。

由于南家不叫，西家必须叫牌并选择了红心。

红心有支持，东家的牌力达到 18 点，东家自由加叫红心建议西家考虑在红心上进局。

有 8 点牌力，西家接受邀叫 4♡成局。

牌例 2 南北有局

东发牌

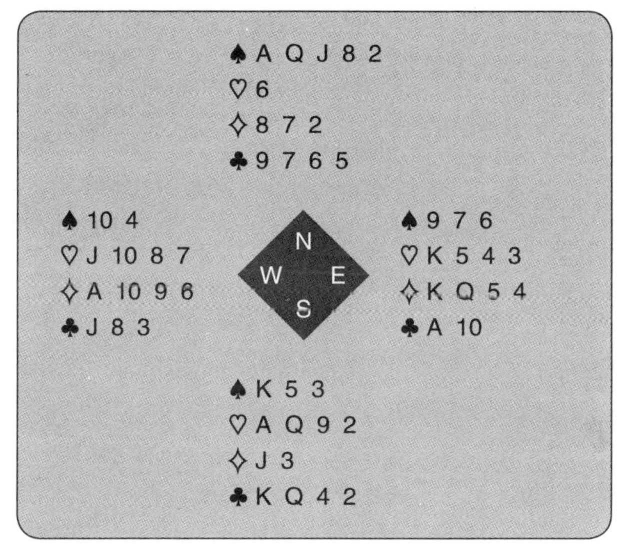

西	北	东	南
		1♢	加倍
1♡	1♠	2♡	不叫
不叫	2♠	全不叫	

南家的加倍是显示方块短套的排除性加倍，11^{+}点牌力并且在其他三门花色至少各有三张。

北家自由争叫 1♠表示至少有 6 点，但不会超过 9 点牌力。

南家只有三张黑桃，故而在 2♡后不叫。北家轻松再叫 2♠，因为他已经将自己的牌力限制为 9 点以下。北家的第二次叫牌并不承诺额外牌力。

牌例 3 东西有局

南发牌

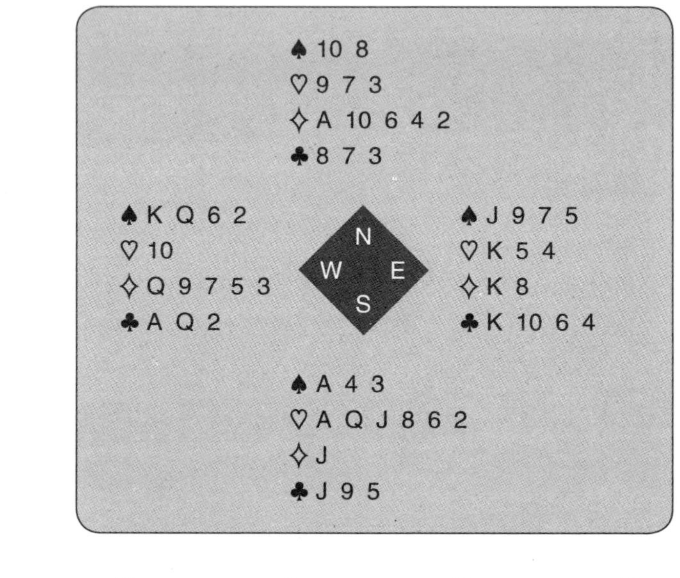

西	北	东	南
			1♡
加倍	不叫	2♠	不叫
4♠	全不叫		

由于五张套不够强，因而西家没有选择争叫。西家加倍表示红心短套，11^{+}点牌力并且其他三门花色至少各有三张。

东家跳叫到 2♠，显示 9^{+}～ 11 点牌力而且至少有四张黑桃。

西家有四张黑桃支持，一个单张，一个边花五张套，在黑桃配合的情况下整手牌力已经达到 15 点。西家加叫 4♠进局。

牌例 4 双方有局

西发牌

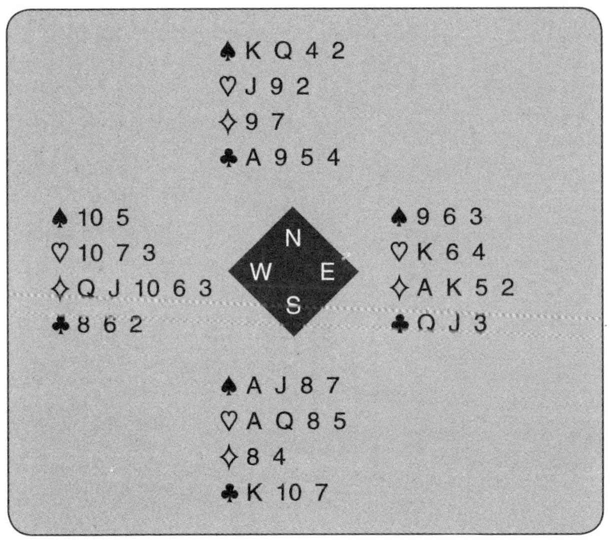

西	北	东	南
不叫	不叫	1♢	加倍
不叫	2♠	不叫	3♠
全不叫			

南家的加倍是排除性加倍，显示方块短套，11^{+}点牌力并且在其他三门花色至少各有三张。

北家跳叫 2♠，表示 9^{+}～11 点。

南家加叫 3♠确认八张将牌配合，并且牌力超过加倍的低限。北家是跳叫的低限于是选择不叫。

负加倍

负加倍是由开叫人的应叫人做出的加倍。这个加倍出现在开叫人开叫一阶花色，开叫人的左手敌方争叫花色之后。应叫人承诺足够的点力（6⁺点）以便回应开叫人的再叫。通常来说，负加倍承诺在另外二门未叫过的花色上至少各有四张，不包括开叫花色以及敌方的争叫花色。

基于现代桥牌优先寻找高花配合，因而负加倍的使用原则略有变化。以下是现代的使用方式：

如果已经叫过两套高花，加倍承诺每门低花至少有四张，例如：

北	东	南	西
1♡	1♠	?	

南家持牌：

♠765 ♡73 ♢A743 ♣Q542

南家将叫“加倍”。由于南家是应叫人，这个加倍必定是负加倍，表示4^+张方块，4^+张梅花以及6^+点牌力。

如果已经叫过两套低花，加倍承诺每门高花至少有四张，例如：

北	东	南	西
1♢	2♣	?	

南家持牌：

♠Q765 ♡A973 ♢K3 ♣A52

南家将叫“加倍”。由于南家是应叫人，这个加倍必定是负加倍，表示4^+张黑桃，4^+张红心以及6^+点牌力。

以下是我们适应现代叫牌方式作出的改变：如果已经叫过一门高花，加倍就承诺未叫过的高花至少有四张。

北	东	南	西
1♡	2♣	?	

南家持牌：

♠Q765 ♡73 ♢A43 ♣8542

南家将叫“加倍”。由于南家是应叫人，这个加倍必定是负加倍，显示 4^+张黑桃以及 6^+点牌力。

请注意如果南家持下列牌，他同样会加倍：

♠Q7654 ♡73 ♢A43 ♣852

二阶应叫新花色需要 10^+点（南家只有 6 点）以及 5^+张套，因而加倍是南家显示自己有黑桃套的唯一叫品。

请注意持下列牌南家同样选择加倍：

♠Q764 ♡73 ♢AKJ3 ♣852

二阶应叫新花色需要 10^+点以及 5^+张套（南家只有四张黑桃），因而加倍是南家显示自己有黑桃套的唯一叫品。

另外的例子：

北	东	南	西
1♣	1♠	?	

南家将叫“加倍”。由于南家是应叫人，这个加倍必定是负加倍，显示 4^+张红心以及 6^+点牌力。

在上述所有例子中，开叫人的再叫视同敌方未曾争叫：

• 与应叫人花色配合持低限牌力（12 ～ 15 点），在最低阶叫出该花色；

• 与应叫人花色配合持中限牌力（15^+～ 18^-点），跳一阶叫出该花色；

• 与应叫人的高花配合持高限牌力（18^+点），直接叫该高花进局；

- 花色不配合，再叫按照应叫人一阶应叫新花色处理。

负加倍经常出现，它对你的成功叫牌是无价之宝。

牌例 5 南北有局

北发牌

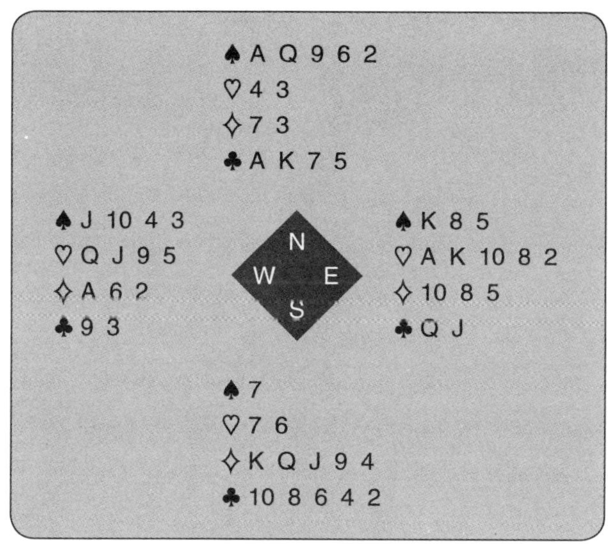

西	北	东	南
	1♠	2♡	加倍
3♡	4♣	全不叫	

南家的加倍是负加倍。由于已经叫过两门高花，南家的加倍表示二门低花。南家承诺每门低花至少有四张以及 6^+点牌力。

南家迫使北家在三阶水平叫牌，因而南家必须有更多的点力或者更好的牌型（长套上有更多的张数），或者两者兼而有之。

牌例 6 东西有局

东发牌

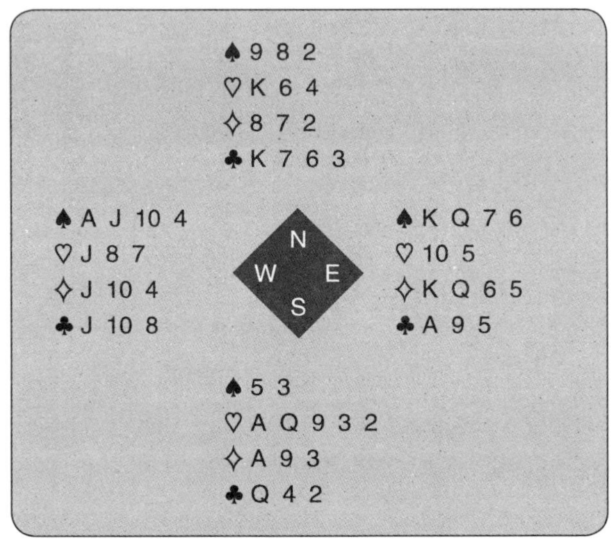

西	北	东	南
		1♢	1♡
加倍	2♡	2♠	全不叫

西家的加倍是负加倍。由于已经叫过一门高花，西家表示四张黑桃以及至少 6 点牌力。请牢记，如果可以使用负加倍，直接用 1♠盖叫 1♡承诺 5⁺张黑桃。

东家是 14 点的平均牌型但有四张黑桃，再叫 2♠理所应当。由于是低限牌力，西家不叫。

牌例 7 双方有局

南发牌

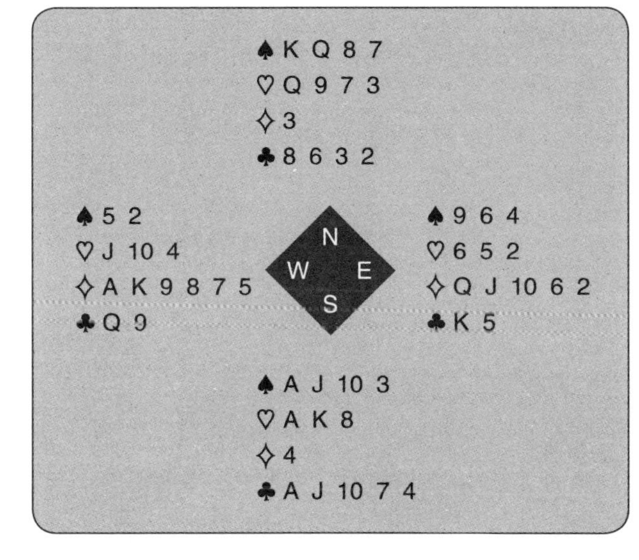

西	北	东	南
			1♣
1♢	加倍	2♢	4♠
全不叫			

北家的加倍是负加倍。由于已经叫过两门低花，加倍显示两门高花。南家跳叫 4♠表示黑桃配合，并且在支持黑桃的情况下，牌力达到 18^{+}点。

牌例 8 双方无局

西发牌

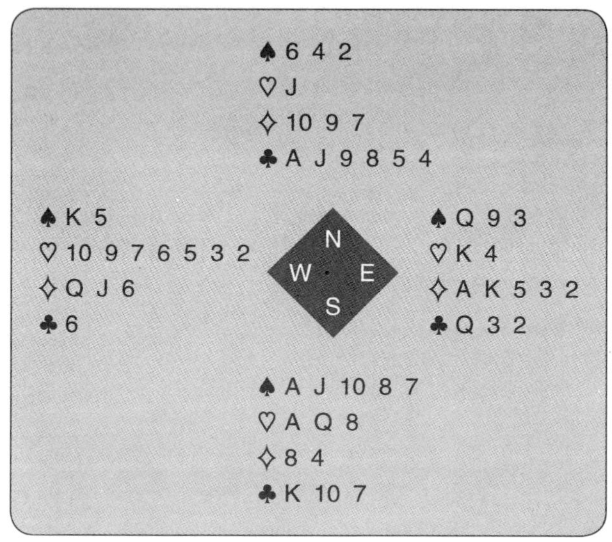

西	北	东	南
不叫	不叫	1♢	1♠
加倍	2♠	不叫	不叫
3♡	全不叫		

西家的加倍是负加倍。由于已经叫过一门高花，西家的加倍表示至少四张红心以及 6^+点牌力。

当再次轮到西家叫牌，他愉快地再叫 3♡。

西家清楚地向东家表示自己持有红心长套但牌力少于 10 点。如果西家有五张以上红心并且有 10^+点牌力，他可以在 1♠后直接应叫 2♡。

除此之外，东家还知道西家的红心质量不好，原因在于如果西家有不错的六张红心以及 5 ～ 10 点，他原本可以开叫 2♡。与此类似，如果西家有很好的七张红心，他就可以开叫 3♡。我发现了！西家有很长但质量很差的红心长套。

应叫性加倍

应叫性加倍是由推进者（争叫人的应叫人）做出的加倍。这个加倍出现在开叫人叫出一门花色，同伴争叫另外一门花色，开叫人的同伴加叫开叫人的花色之后。推进者承诺6⁺牌点，在未叫的二门花色中每门至少有四张。既不是开叫花色，也不是争叫人(同伴）叫过的花色。

示例如下：

北	东	南	西
1♡	1♠	2♡	加倍＊

＊这个应叫性加倍表示有6⁺点，至少四张方块以及至少四张梅花，同时少于三张黑桃（如果有三张以上黑桃，西家就可以加叫）。

争叫人将“叫出”一门与推进者有配合的花色，或者在适当的阶数回到自己的花色。最低阶数的叫牌显示低限牌力，跳叫表示好牌，诸如此类。每个人都参与了叫牌，这个进程往往更多的是基于牌型（牌型分布）而不是大牌点。应叫性加倍体现出更强烈的竞叫特性而非进局的意愿。

这个叫品同样适用于同伴做过排除性加倍，而开叫人的应叫人叫出一门新的花色之后，但你需要和搭档讨论并达成共识。

北	东	南	西
1♡	加倍	2♡	加倍

或者

北	东	南	西
1♣	加倍	1♡	加倍

在第一个进程中，应叫性加倍倾向于低花，因为如果西家有四张黑桃，他可以直接叫出黑桃。

在第二个进程中，假设西家有四张黑桃和四张方块，并且更希望找到最佳的配合，而不一定是高花配合。在他的同伴没有四张黑桃的情况下，西家可以利用应叫性加倍找到方块配合。

牌例 9 东西有局

北发牌

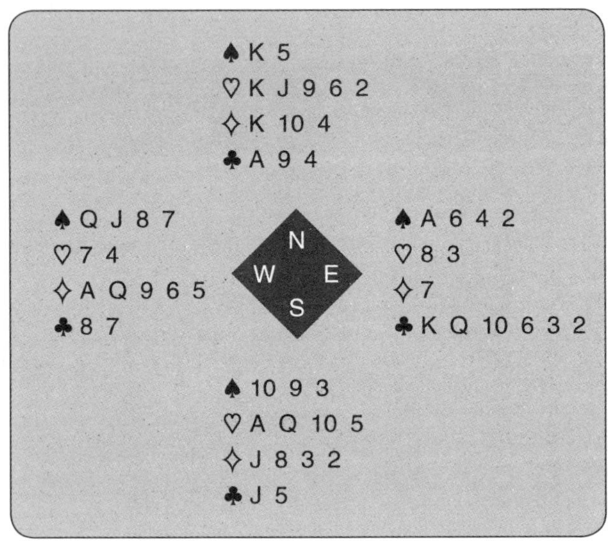

西	北	东	南
	1♡	2♣	2♡
加倍	不叫	2♠	全不叫

西家的加倍是应叫性加倍，表示未叫过的二门花色每门至少有四张（黑桃和方块）并且至少 6 点。

由于北家不叫，东家必须叫牌，黑桃配合就再叫 2♠。

牌例 10 双方有局

东发牌

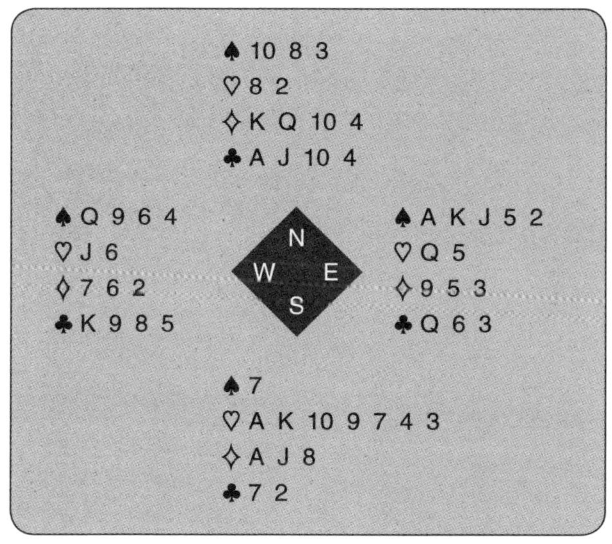

西	北	东	南
		1♠	2♡
2♠	加倍	不叫	4♡
全不叫			

北家的加倍是应叫性加倍，表示在两门低花中每门至少有四张并且至少 6 点。

南家在低花中都没有配合，但红心有额外长度因此再叫红心。之所以选择红心进局，因为他知道北家有一些牌力，而且北家的大牌点很有可能在梅花与方块上。

金鱼草加倍

金鱼草加倍是由推进者做出的一种排除性加倍。叫过三门花色之后，他（推进者）是叫牌的第四家位置。此时的加倍表示未叫过的花色有长度（通常 5⁺张），6 ～ 9 点。典型的情况是，同伴争叫高花后，加倍表示有限度的配合（双张）；如果争叫是低花，加倍表示有配合。

二种处理方式的区别在于，你预期在什么样的阶数上参与竞叫。实际上，如果同伴争叫高花并且你有配合，你可以简单加叫同伴的高花。

举例如下：

北	东	南	西
1♡	2♣	2♢	加倍

加倍将承诺 6^+大牌点，4^+张黑桃以及有限的梅花支持（A，K 或 Q 带头的双张，或者 3^+张小梅花）

北	东	南	西
1♢	1♠	2♣	加倍

加倍将承诺 6^+牌点，5^+张红心并否认黑桃有配合，西家对黑桃应该具备有限（双张黑桃）的支持。记住，如果西家有 3^+张黑桃，他就知道己方已经有高花配合，可以简单加叫同伴的高花。

注意：在上述两个例子中，如果西家直接出套，显示的是五张或更长的套以及 10^+点牌力。

牌例 11 双方无局

南发牌

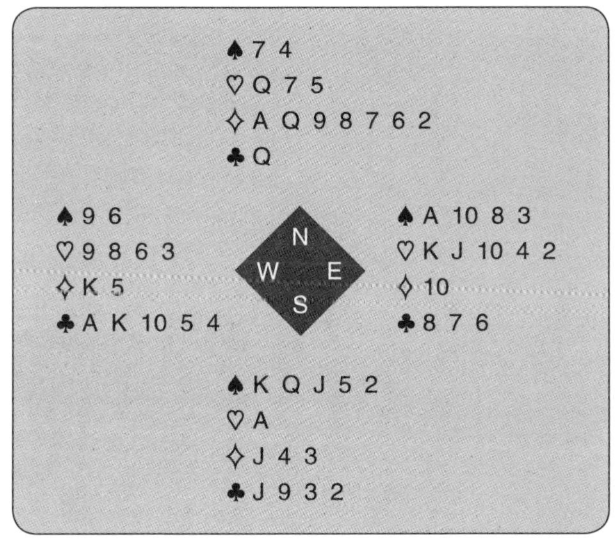

西	北	东	南
			1♠
2♣	2♢	加倍	不叫
2♡	全不叫		

东家的加倍是金鱼草加倍，显示未叫过花色（第四门花色）——红心——以及至少 6 点牌力。

在红心有配合的情况下西家再叫 2♡。

牌例 12 南北有局

西发牌

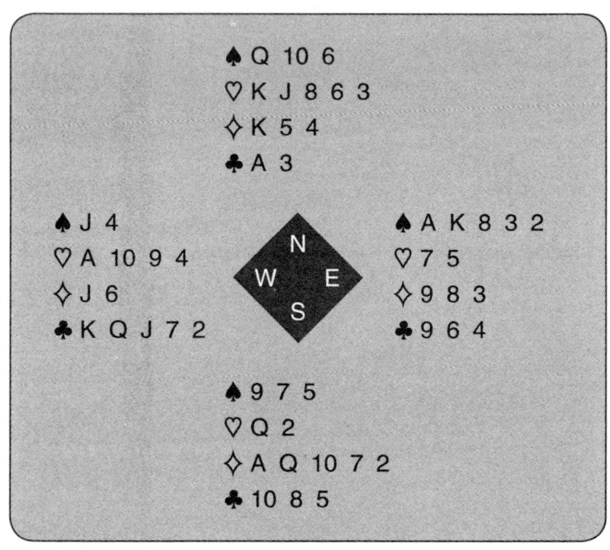

西	北	东	南
1♣	1♡	1♠	加倍
不叫	1NT	全不叫	

南家的加倍是金鱼草加倍，显示未叫过花色方块（第四门花色）以及至少 6 点牌力。

尽管北家对方块有配合，基于其他所有花色都有挡张，故而选择再叫无将，尝试得到比 2♢更多的分数。

平衡性加倍

平衡性加倍是由争叫人做出的排除性加倍。平衡性加倍通常出现在敌方开叫，你是叫牌的第四家位置并且叫牌水平处于低阶。平衡性加倍的最主要目的是迫使敌方为了抢到定约而叫到更高的阶数。只有敌方叫到更高的阶数，你方才能增加打宕定约的机会。

叫牌的假设前提是，如果你在敌方花色上是短套，那么让他们在低阶主打定约基本是错误的。在下列所有叫牌进程中，首先注意到敌方已经将自己的牌力限制在低限范围，并且可以预期东西方占据一半以上的大牌实力。加倍使东西方可以尽可能安全地参与叫牌，并且寻找到己方的最佳配合。

例 1

北	东	南	西
1♡	不叫	不叫	加倍

加倍是平衡性的排除加倍（要求同伴叫牌），但牌力可能会弱于直接位置的排除性加倍（东家是直接位置）。

例 2

北	东	南	西
1♡	不叫	2♡	不叫
不叫	加倍		

加倍是平衡性的排除加倍（要求同伴叫牌）。由于东家没有在直接位置加倍（他的第一次叫牌机会），他表示要么牌力较弱（少于 11 点），要么牌型不适合（没有所要求的红心短套，以及其他三门花色中每门至少三张）。

例 3

北	东	南	西
1♡	不叫	1♠	不叫
1N	加倍		

加倍是平衡性加倍，要求同伴叫出低花，但牌力可能弱于直接位置的排除性加倍（直接位置就是东家的第一次叫牌机会）。

例 4

北	东	南	西
1♡	不叫	1♠	不叫
1N	不叫	不叫	加倍

加倍是排除高花，要求同伴叫低花，但牌力比牌例 3 要弱，西家如果有合格的牌力会在第一次叫牌时加倍 1♠显示低花。

仅有 8 点牌力就可以使用平衡性加倍，是否叫牌取决于以下几点因素：

- 你的牌型；
- 同伴的叫牌阶数；
- 敌方是否已经找到配合；
- 局况；
- 你的神经。

牌型：你的牌型越完美（4－4－4－1，5－4－4－0或5－4－2－2），在决定是否平衡加倍时就可以更为进取。

阶数：如果迫使同伴叫牌的阶数越高，那么基于牌点和更好的牌型，你的牌力就要越强。

配合：如果敌方已经找到配合，通常平衡叫牌是安全的，因为他们很可能会继续叫牌，与此同时，同伴也更可能对你的花色有配合。

局况：双方无局是平衡叫牌的最佳时机。敌方不大可能对你实施惩罚，而是更有可能继续竞叫。请记住无局时加倍宕一只有100分，少于他们的部分定约得分，因而他们更可能继续争夺定约。

神经：你是什么风格？迫使敌方叫高一阶将增加你们打宕定约的机会，通常来说，这正是平衡叫牌的目的。你根本没打算（也不希望）赢得最终定约，你只希望敌方继续叫牌。当平衡叫牌时，你应该表现得信心十足。你与搭档应该看上去非常希望完成己方的定约。

几乎每一个牌手都宁愿做庄而不希望防守。必须小心，当同伴以较弱的牌力做平衡加倍后，不要由此而惩罚同伴。你方的目的是抬高敌方的叫牌阶数。当他们的确再次叫牌，你们就达成了自己的目标。

牌例 13 双方有局

北发牌

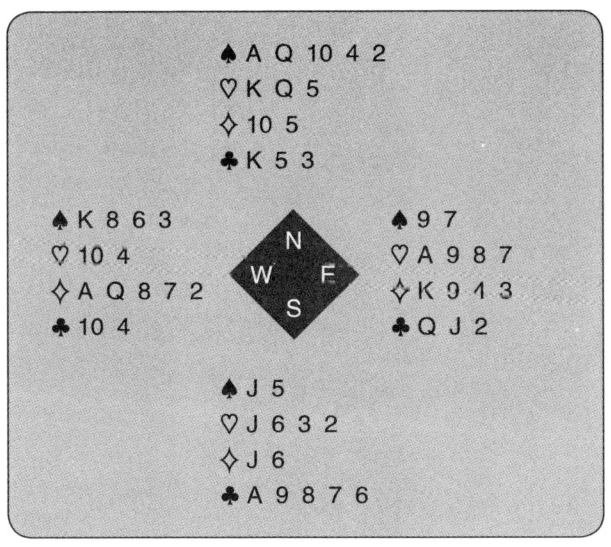

西	北	东	南
	1♠	不叫	1NT
不叫	不叫	加倍	不叫
2♢	全不叫		

东家的加倍是平衡性加倍。东家的牌力太弱不适合直接位置加倍。现在加倍表示不希望敌方主打 1NT 定约。西家尽可能在低阶叫出自己的长套，因为他很清楚联手没有成局的实力。

牌例 14 双方无局

东发牌

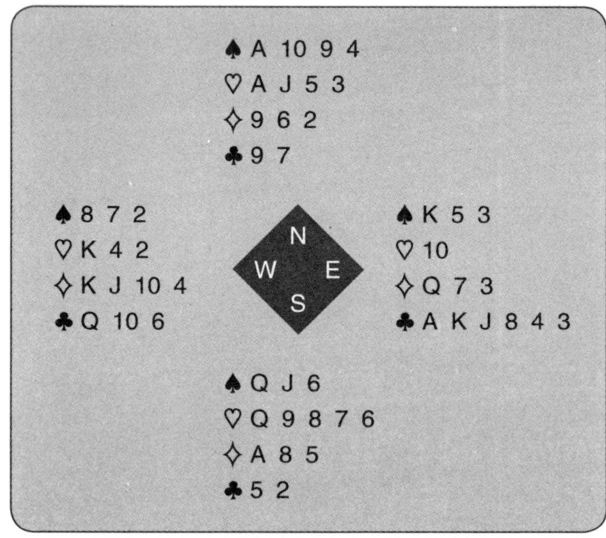

西	北	东	南
		1♣	不叫
1NT	不叫	2♣	不叫
不叫	加倍	不叫	2♡
全不叫			

北家的加倍是平衡性加倍。如果北家梅花是短套，有 11^+ 牌力并且在其他三门花色至少各有三张，他就可以在 1NT 之后直接加倍。先不叫随后加倍，表示要么牌力较弱，要么牌型不符合加倍的要求。

重开叫加倍

重开叫加倍是任何一方都可以使用的加倍，但主要与开叫人紧密相关。如果你持有最初叫品的高限牌力或者牌力好于同伴的预期，并且敌方参与叫牌后，都可以使用重开叫加倍。这种加倍非常灵活，允许同伴参与叫牌的决策过程，以便决定继续叫牌还是对敌方罚放。这种加倍也称之为“行动性加倍”。这是要求同伴采取“明智之举”的加倍。

以下是几个实例：

例 1

北	东	南	西
1♡	1♠	不叫	不叫
加倍			

北家应该意识到如果南家在第一次叫牌加倍，这个叫品就是负加倍。南家很可能持一手好牌并且在黑桃上有很好的质量以及长度，希望对东家实施惩罚。这种情况并非一定，但是有可能：

北家的加倍表示：

- 黑桃短套；
- 五张红心，至少有三张梅花以及三张方块；
- 一手合格的（12^{+}点）的开叫实力。

例 2

北	东	南	西
1♡	1♠	2♡	不叫
不叫	加倍		

东家的加倍表示：

○红心短套（0 — 1 — 2）；

○五张黑桃，至少同时有三张梅花以及三张方块；

○ 15 ~ 17 点（在上述叫牌进程中，同伴可以期望东家的最好持牌）。

例 3

北	东	南	西
1♣	加倍	1♠	2♡
不叫	不叫	加倍	

南家的加倍表示：

• 五张或少于五张黑桃；

• 10^{+}点；

• 三或四张梅花；

• 三张或更长的方块。

通常而言，当你遇到下列情况时可以使用重开叫加倍：

• 还没有将自己的牌力限制在低限范围；

• 还没有与同伴找到花色配合。

在下面的牌例中，南北方已经找到红心配合，北家可以竞叫 3♡，或者以红心进局，或者再叫需要帮助的花色作为成局试探，亦或不叫。因而，此时北家的加倍是惩罚性加倍。

北	东	南	西
1♡	不叫	2♡	2♠
加倍			

这不是重开叫加倍而是惩罚性加倍。北家应该持有：

• 三张或者更长的黑桃并且至少有一个大牌（如果只有三张黑桃通常有两个大牌）；

- 只有五张红心；
- 一手强牌，预期可以打宕西家的 2♠。

牌例 15 南北有局

南发牌

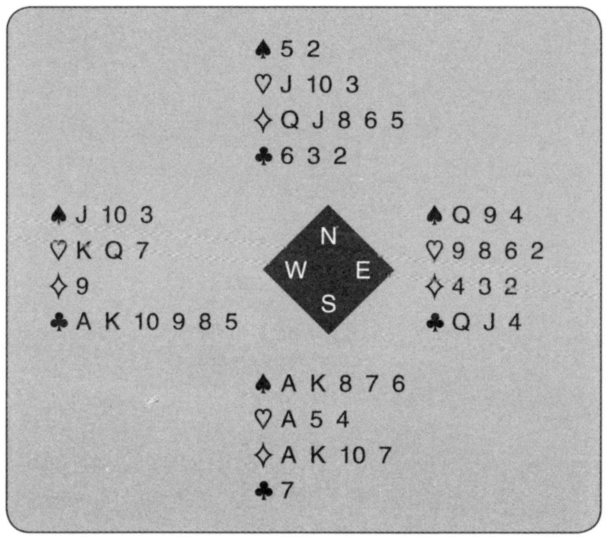

西	北	东	南
			1♠
2♣	不叫	不叫	加倍
不叫	2♢	不叫	3♢
全不叫			

南家的加倍是重开叫加倍，表示梅花短套，在其他未叫过的二门花色中每门至少有三张，并且是合格的开叫实力。

在北家应叫 2♢后，南家加叫 3♢显示一手非常强的牌（17⁺点）。

请记住：如果原本北家就用 2♢盖叫 2♣，他表示自己有 10⁺点牌力以及 5⁺张方块，因此北家可能有不错的牌，只是不够 2♣之后直接应叫。

牌例 16 东西有局

西发牌

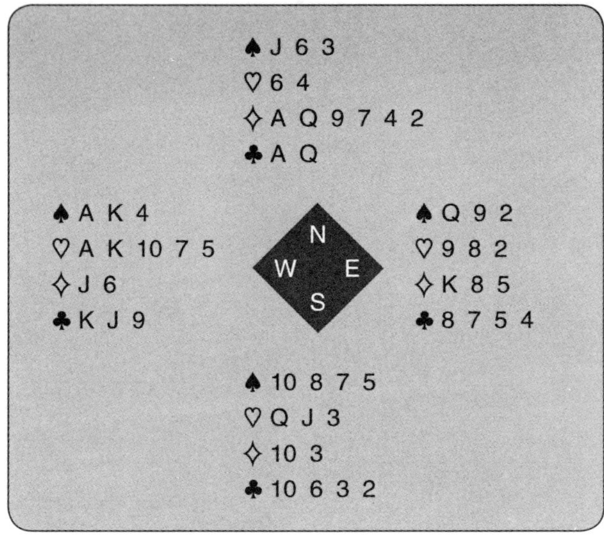

西	北	东	南
1♡	2♢	不叫	不叫
加倍	不叫	2♡	全不叫

西家的加倍是重开叫加倍，表示方块短套，在其他未叫过的二门花色中每门至少有三张，并且有合格的开叫实力。

东家再叫 2♡后，西家不叫。

请记住：东家没有在 2♢之后直接加叫 2♡，他的牌点不会多于 6 点。如果东家没有 6 个大牌点，那么西家就可以看到联手没有成局的前景。因为他持一手均型牌，至少有六个输墩：一墩黑桃，一墩红心，两墩方块以及两墩（或三墩）梅花。

支持性加倍

由埃里克·罗德威尔发明的支持性加倍是桥牌中最有价值的加倍之一。当敌方争叫花色后可以由开叫人使用这种加倍，用以表示对同伴应叫的花色有三张支持。使用支持性加倍的隐含前提是，开叫人不太可能在低阶对敌方实施惩罚性加倍。正是由于惩罚的机会微乎其微，我们可以借助这个叫品传递对己方更有价值的信息。

举例：

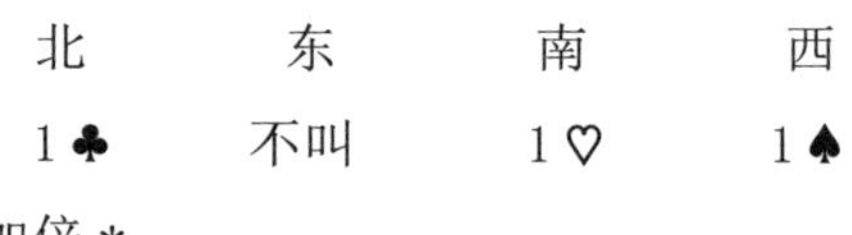

北	东	南	西
1♣	不叫	1♡	1♠
加倍＊			

＊支持性加倍，承诺三张红心。

以下是有关支持性加倍的规则：

• 开叫人必须已经开叫一门花色；

• 应叫人必须已经应叫另外一门花色；

• 在大牌实力上没有限制（尽管开叫人已经具备开叫牌力）；

• 表示准确的三张支持；

• 既不否定在任何其他花色上有长度，也不承诺在任何其他花色上是短套；

• 只有当敌方的争叫低于应叫人花色的二阶以下时才适用；

• 当争叫的叫品是“加倍”时，“支持性再加倍”等同于支持性加倍。

开叫人的叫牌必须是1♣/1♢/1♡，只有当开叫人的第一次叫牌是一阶花色时才可以使用支持性加倍。

应叫人的叫牌必须是1♢/1♡/1♠，只有当应叫人的第一次叫牌是一阶花色时才可以使用支持性加倍。

大牌点没有上限——使用支持性加倍既可以持11⁺点，也可以高到20点。支持性加倍后应叫人不能不叫（除非他的右手敌方参与了叫牌）。因此开叫人总有另外一次叫牌机会展示自己的牌力。

恰好三张支持——如果开叫人对应叫人的花色有四张或更长的支持，他只需简单地在适当的阶数加叫。如果没有三张支持，使用最简明的再叫，其中也包括不叫。

在其他花色上既不承诺长度也不承诺短套—开叫人也许有一个四张的高花套，或者一个五张的低花套（或者更长）。开叫人的支持性加倍只是简单表示，在应叫人的花色上有三张支持。由于应叫人在加倍后必须叫牌，因而有必要的话，开叫人还有机会显示其他花色的长度。

敌方的争叫必须在应叫人花色的二阶以下——由于在某些情况下应叫人可能最终主打七张配合的将牌，开叫人当然不希望迫使应叫人在三阶主打这个定约。因而，应叫人必须有机会在二阶重叫自己的花色。

两个示例：

北	东	南	西
1♣	不叫	1♡	2♢
加倍 *			

* 支持性加倍，因为南家可以在2♢后再叫2♡。

北	东	南	西
1♣	不叫	1♡	2♠
加倍 **			

** 不是支持性加倍，因为南家如果再叫红心，将被迫在三阶叫牌。

同样可以使用支持性再加倍—如果敌方的争叫是排除性加倍，开叫人的“再加倍”就是“支持性再加倍”，表示对应叫人的花色有三张支持。示例如下：

北	东	南	西
1♣	不叫	1♡	加倍
再加倍＊			

＊支持性再加倍，承诺三张红心支持。

开叫人支持性加倍（或者再加倍）后，应叫人的第二次叫牌

如果应叫的高花有五张或者更长时：目前的局势非常容易应对。开叫人已经显示对你的高花有三张支持，联手已经找到了配合……只需简单做一下加减法即可。

• 如果有 6～10 一点，在二阶再叫；

• 持有好的 10～12 点，跳叫至三阶，邀叫进局；

• 如果牌力已经有 13^{+}点时，直接跳叫进局。

如果应叫的高花只有四张时：

• 持弱牌（6～10 点）而且右手敌方不叫：

○ 再叫二阶应叫的高花并且主打七张配合的将牌；

○ 对开叫人的低花有四张以上支持时，在最低阶叫回开叫人的低花；

○ 持均型牌并且在敌方叫过的花色上有挡张时再叫 1NT；

• 持弱牌（6～10 点）而右手敌方参与叫牌：

○ 对开叫人的低花有五张以上支持时，在最低阶叫回开叫人的低花；

○ 不叫。

• 持较好的牌（10～12 点）无论右手敌方是否参与叫牌：

○ 再叫二阶应叫的高花并且主打七张配合的将牌；

○ 再叫新花色（逼叫一轮）；

○ 对开叫人的低花有四张以上支持时，跳一阶加叫开叫人的低花；

○如果持均型牌并且在敌方叫过的花色上有挡张时再叫2NT；

• 持逼叫进局的牌（13^{+}点）无论右手敌方是否参与叫牌：

○扣叫敌方的花色；

○再叫新花色（逼叫一轮）；

○持均型牌并且在敌方叫过的花色上有挡张叫再叫3NT；

开叫人的第三次叫牌：此时你的叫牌非常正常……只有一种例外情况。开叫人必须记住，如果左手敌方不叫，应叫人在二阶重叫你显示支持的高花，此时并不保证联手已经找到八张配合。或许他只是试图将定约停在相对安全的较低阶数。

支持性加倍的价值是难以估量的。在竞叫进程中了解开叫人对你的花色有几张支持，这个信息的价值非常巨大。在下面的牌例中，我们将看到依据自己的持牌，结合得到的信息将如何影响你的后续叫牌。

牌例 17 双方无局

北发牌

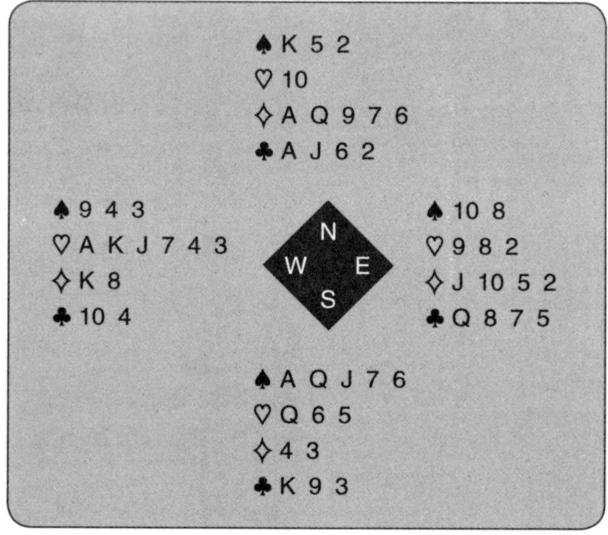

西	北	东	南
	1◇	不叫	1♠
2♡	加倍	不叫	3♠
不叫	4♠	全不叫	

北家的加倍是支持性加倍，显示三张黑桃支持。

持有五张黑桃以及邀叫牌力，南家跳叫 3♠。

北家加叫进局。

牌例 18 南北有局

东发牌

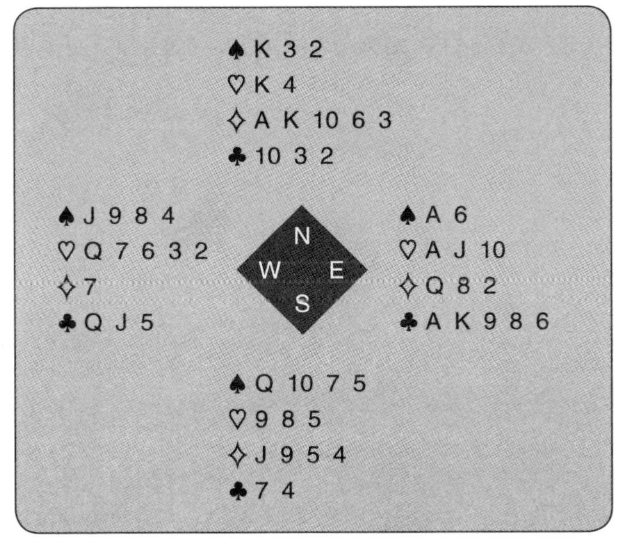

西	北	东	南
		1♣	不叫
1♡	2♢	加倍	不叫
2♡	不叫	3NT	不叫
4♡	全不叫		

东家的加倍是支持性加倍，显示有三张红心支持。

持五张红心并且是弱牌，西家简单再叫 2♡。

东家现在再叫 3NT，表示进局的实力并且方块有挡张。

由于联手已经有八张配合的红心，西家将定约修正为 4♡。

牌例 19 东西有局

南发牌

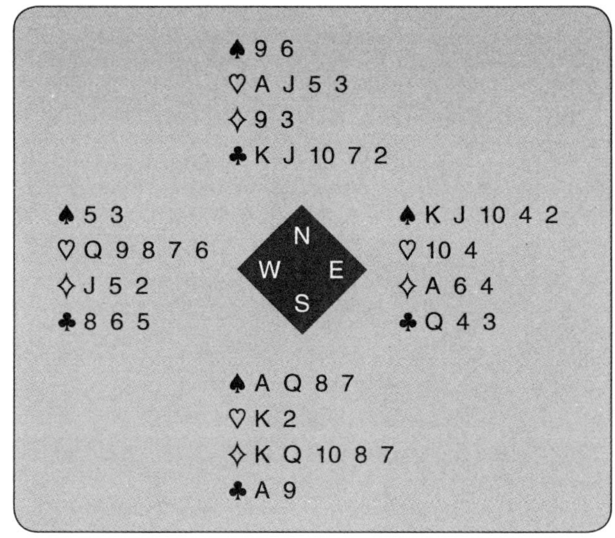

西	北	东	南
			1♢
不叫	1♡	2♠	
全不叫			

南家的加倍不是支持性加倍，因为 2♠已经超过了 2♡。

南家的加倍是惩罚性加倍。

牌例 20 双方有局

西发牌

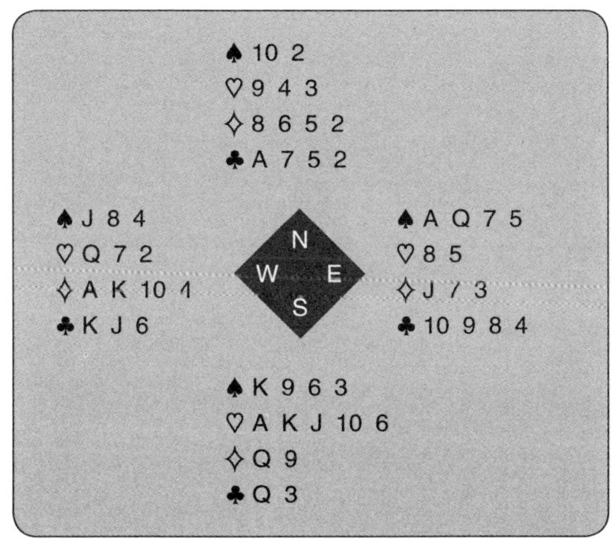

西	北	东	南
1♢	不叫	1♠	2♡
加倍	不叫	2♠	全不叫

尽管东家没有五张黑桃，但他持弱牌并且对同伴的低花没有配合，于是只能再叫 2♠，希望定约停在相对安全的低阶。

牌例 21 南北有局

北发牌

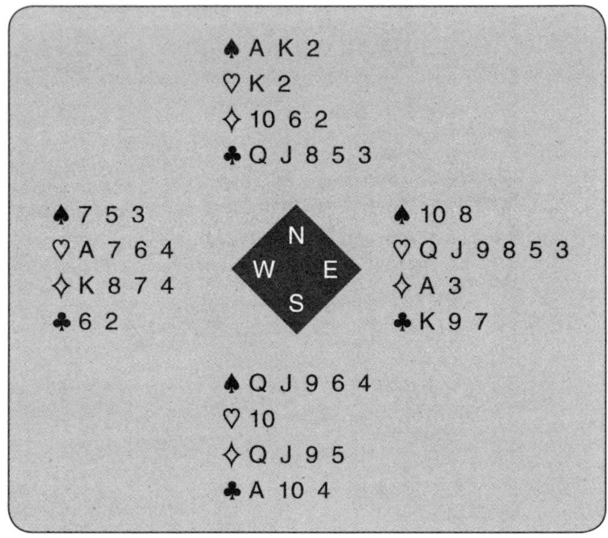

西	北	东	南
	1♣	1♡	1♠
2♡	加倍	不叫	3♠
不叫	4♠	全不叫	

北家的加倍是支持性加倍，显示三张黑桃支持。

南家持有五张黑桃以及邀叫牌力，于是跳叫 3♠。

南家跳叫 3♠时已经确保至少五张黑桃。

牌例 22 东西有局

东发牌

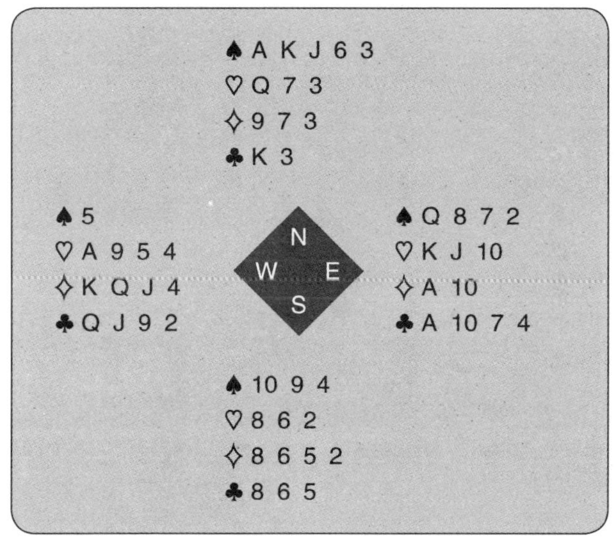

西	北	东	南
		1♣	不叫
1♡	1♠	加倍	不叫
2♢	不叫	2NT	不叫
3NT	全不叫		

东家的加倍是支持性加倍，显示三张红心支持。

尽管只有四张红心但有开叫实力，西家迫使同伴再次叫牌。应叫人的新花色 2♢使得东家继续维持叫牌。

东家现在的叫牌显示黑桃有挡张，于是西家继续加叫成局。

牌例 23 东西有局

南发牌

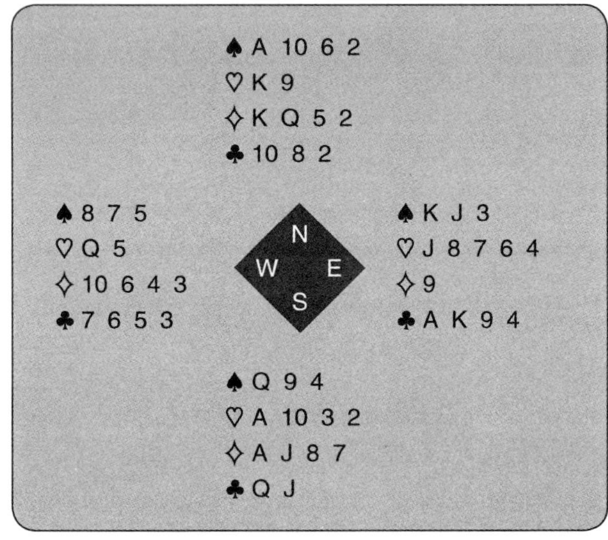

西	北	东	南
			1♢
不叫	1♠	2♡	加倍
不叫	2NT	不叫	3NT
全不叫			

南家的加倍是支持性加倍，显示三张黑桃支持。

北家没有五张黑桃，但有邀叫牌力并且红心有挡张，于是再叫2NT。这个叫品表示 11 ～ 12 点红心有挡张，同时否认有五张黑桃。

牌例 24 双方无局

西发牌

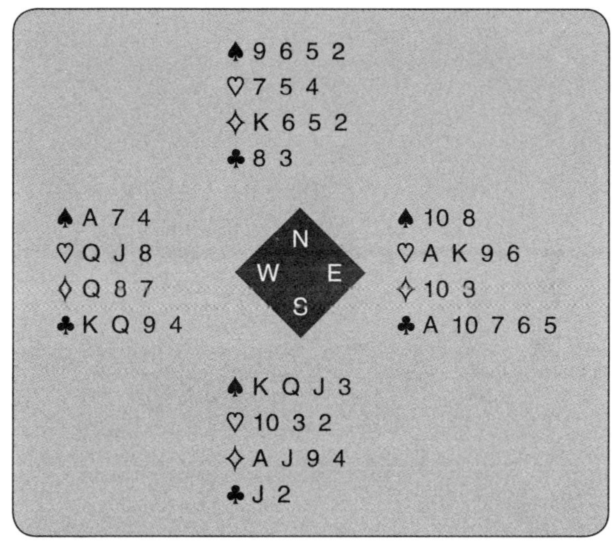

西	北	东	南
1♣	不叫	1♡	加倍
再加倍	不叫	3♣	全不叫

西家的再加倍是支持性再加倍，表示有三张红心支持。

东家只有四张红心，但有邀叫牌力并且梅花配合，于是跳叫 3♣。

牌例 25 东西有局

北发牌

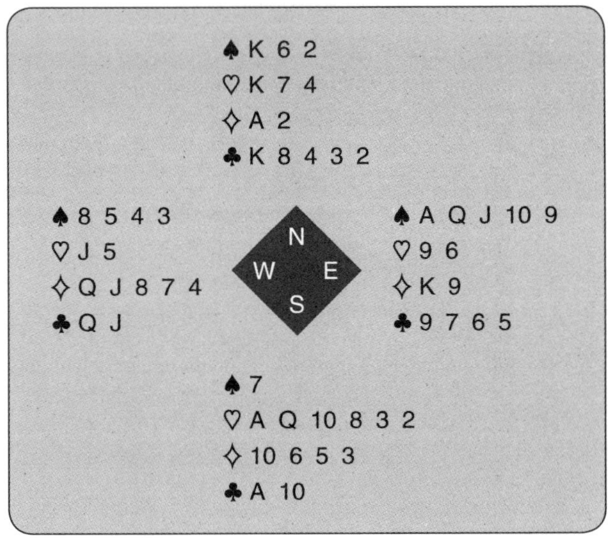

西	北	东	南
	1♣	1♠	2♡
2♠	3♡	不叫	4♡
全不叫			

南家的 2♡表示五张以上红心，虽然只有三张红心支持，但北家依然可以在 2♠之后加叫 3♡。

由于西家加叫 2♠已经超出了应叫人的二阶花色（红心），因而北家无法使用支持性加倍。

牌例 26 双方有局

东发牌

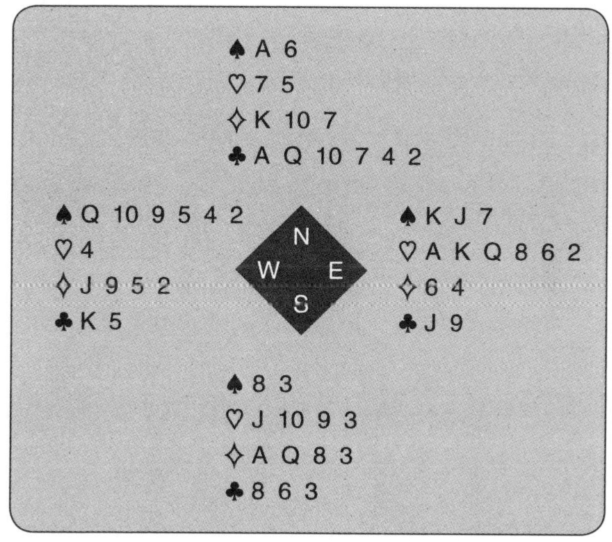

西	北	东	南
		1♡	不叫
1♠	2♣	加倍	3♣
3♠	全不叫		

东家的加倍是支持性加倍，表示三张黑桃支持。

西家继续竞叫到 3♠。

牌例 27 双方无局

南发牌

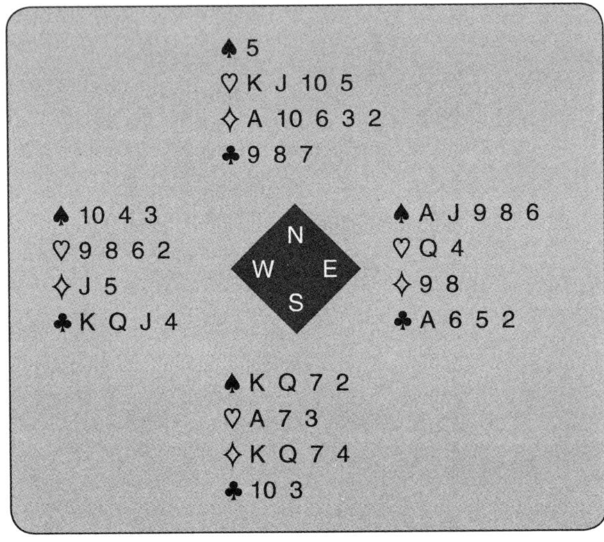

西	北	东	南
			1♢
不叫	1♡	1♠	加倍
2♠	3♢	不叫	不叫
不叫			

南家的加倍是支持性加倍，表示三张红心支持。

北家并不希望以红心为将牌，但对南家的方块有很好的支持，于是加叫 3♢。

牌例 28 南北有局

西发牌

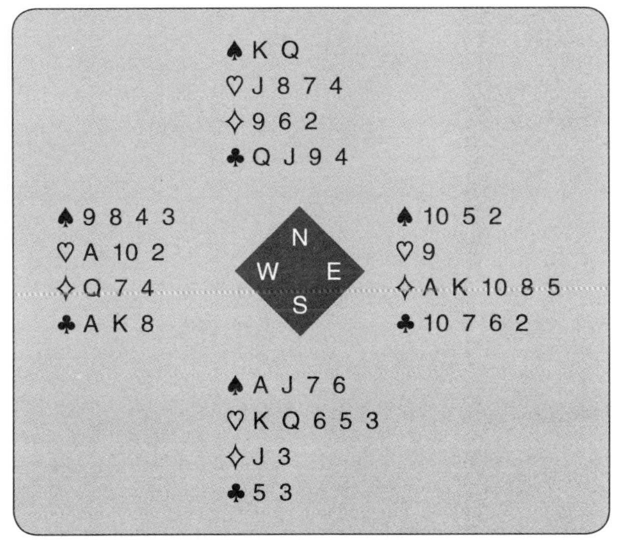

西	北	东	南
1♣	不叫	1♢	1♡
加倍	2♡	3♢	全不叫

西家的加倍是支持性加倍，表示三张方块支持。

东家继续竞叫到 3♢。

高限加倍

高限加倍发生在你与同伴开叫并且加叫一门高花，而且右手敌方（RHO）的争叫花色恰好低于你方已经配合的高花。示例如下：

北	东	南	西	或者	北	东	南	西
1♡	2♢	2♡	3♢		1♠	2♡	2♠	3♡

在上述进程中敌方争叫的花色恰好低于你方的高花。北家的“加倍”就是高限加倍，表明他准备进局，但如果南家的牌力是应叫的下限（6 ～ 7 点），那么联手的实力就不足以成局。

为什么要使用这个约定？你从中又有哪些收益呢？为什么北家不再叫 3 ♡或 3 ♠呢？

假如北家持下列牌，他与同伴（南家）开叫并且加叫过黑桃，而且敌方争叫至 3 ♡。

北	东	南	西
1♠	2♡	2♠	3♡
?			

♠ AKJ542　♡ 2　♢ 1098　♣ K32

北家是否希望竞叫 3 ♠？北家不打算成局，但他肯定不想错过争夺部分定约的机会。

但假如北家持下面这样一手牌：

♠ AQJ54　♡ 76　♢ AQ75　♣ K8

现在北家同样再叫 3 ♠，并且希望南家持好牌加叫成局。

南家如何知道北家是哪一种类型的持牌？高限加倍就是为此而设计的。除非使用高限加倍，否则你无法同时处理好两类不同持牌。

一旦你使用了高限加倍，再叫 3 ♠就成为竞争性叫品，表示“我不希望敌方抢走定约”；而加倍表示，“我对进局有兴趣，但希望征询你的意见，同伴。你持加叫 2 ♠的高限还是低限？”

如果敌方的争叫花色比你方的高花低不止一级，你就可以使用帮张邀叫作为成局试探，表示对进局有兴趣。只有当敌方的争叫花色恰好低于敌方已经配合的高花时，高限加倍才能够适用。

应叫人（南家）的再叫

开叫人（北家）叫牌之后，南家又将如何再叫？

如果北家再叫3♡或者3♠，南家不叫。北家并没有做成局试探，仅是争夺部分定约。

如果北家“加倍”（高限加倍），南家将评估自己的持牌，决定是否进局。

如果南家持有：

•6～7点，叫回三阶将牌花色；

•8～9点，加叫高花进局；

•如果基于牌型或者获取赢墩的能力，他认为有很好的进局前景，他就可以加叫高花成局。

在没有高限牌力的情况下，持什么类型的牌南家认为可以进局呢？在下列叫牌进程中：

北	东	南	西
1♠	2♡	2♠	3♡
加倍（高限加倍）			

如果南家持如下牌，他就可以加叫进局。

♠Q542　♡32　♢10 8　♣A10 932

额外的将牌长度（四张），红心短套，有大牌的五张边花套（梅花），关键牌张（♠Q和♣A）。上述因素促使南家将自己的牌力升值，而无需拘泥于具体的大牌点数。

通过后续牌例我们将探究如何使用下列叫品：

•3♡或3♠是简单竞叫，当你知道联手没有成局所需的牌力时；

•高限加倍，当你知道联手已经接近进局的牌力（或相应的获取赢墩的能力）；

•帮张邀叫，当你知道联手已经接近进局的牌力（或相应的获取赢墩的能力）；

•4♡或者4♠，当你知道联手已经有足够的进局牌力。

牌例 29 双方无局

北发牌

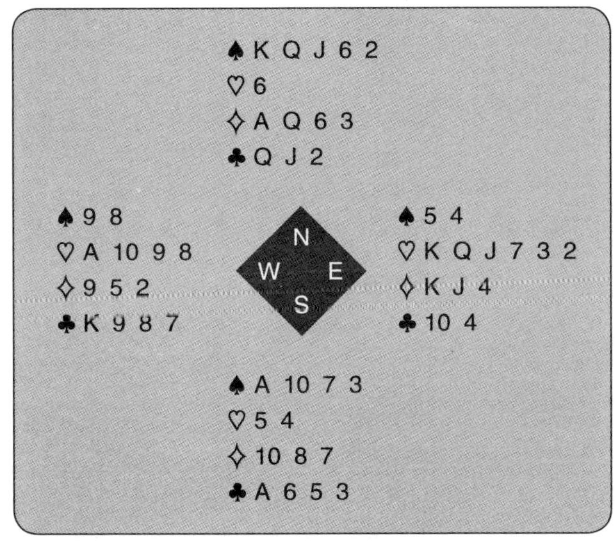

西	北	东	南
	1♠	2♡	2♠
3♡	加倍	不叫	4♠
全不叫			

加倍是高限加倍。

加倍＝高限加倍，表示如果同伴持加叫 2♠的高限，以黑桃为将牌有进局兴趣。

4♠＝我有 8～9 点。

牌例 30 南北有局

东发牌

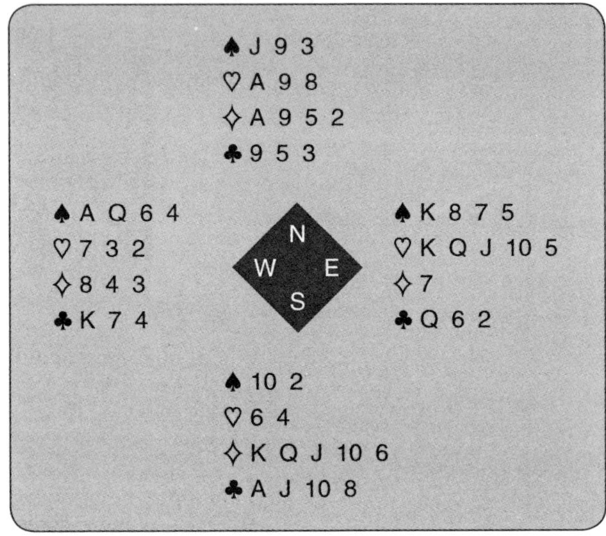

西	北	东	南
		1♡	2♢
2♡	3♢	3♡	全不叫

竞争性叫品。

3♡=竞叫，东家只希望争取部分定约。

牌例 31 东西有局

南发牌

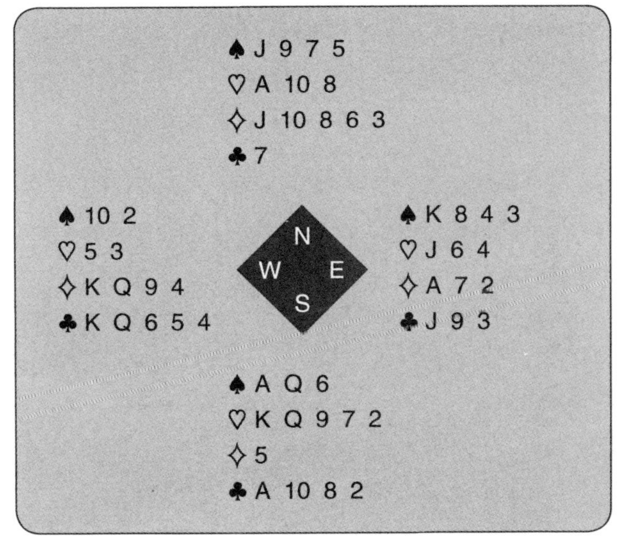

西	北	东	南
			1♡
2♣	2♡	3♣	加倍
全不叫			

惩罚性加倍。

加倍＝惩罚性加倍。如果南家希望邀请进局，他应该再叫 3◇，帮张邀叫。请记住，加倍中高限加倍的前提是，敌方争叫的花色恰好低于你方的高花。

牌例 32 双方有局

西发牌

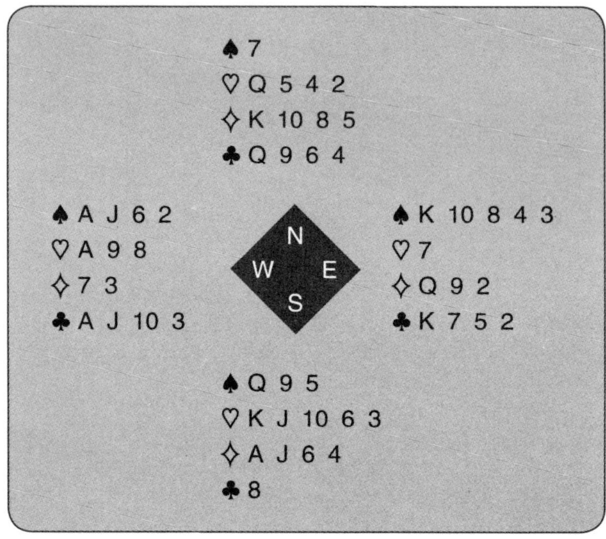

西	北	东	南
1♣	不叫	1♠	2♡
2♠	3♡	3♠	全不叫

竞争性叫品。

3♠＝竞叫，只希望争夺部分定约。如果东家希望试探成局，他应该使用高限加倍。

牌例 33 南北有局

北发牌

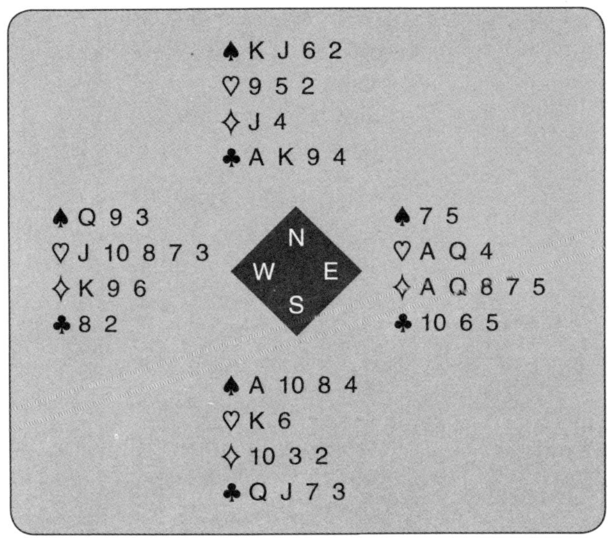

西	北	东	南
	1♣	1♢	1♠
2♢	2♠	3♢	3♡
不叫	3♠	全不叫	

帮张邀叫。

3♡＝帮张邀叫。这是3♢与3♠之间的唯一叫品，仅表示整体的进局兴趣，与具体花色无关。

牌例 34 东西有局

东发牌

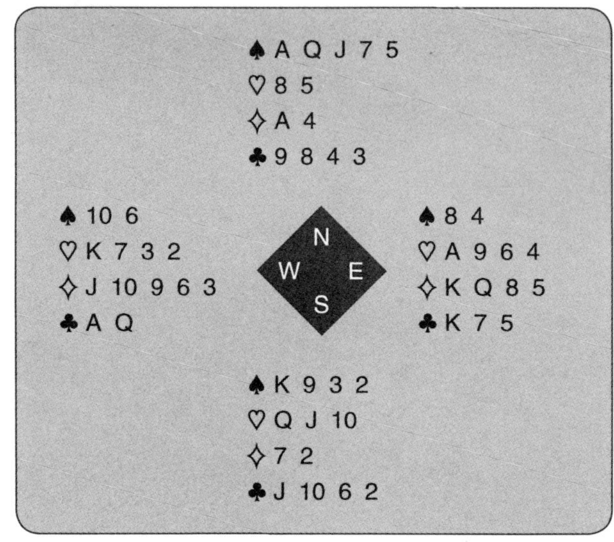

西	北	东	南
		1♢	不叫
1♡	1♠	2♡	2♠
3♢	不叫	4♡	全不叫

帮张邀叫。

3♢=帮张邀叫。由于此时西家有3♣和3♢两个叫品作为成局试探，再叫3♢的隐含意思是不需要梅花上的帮助。

4♡="是的，我在方块上有帮助。"

牌例 35 双方有局

南发牌

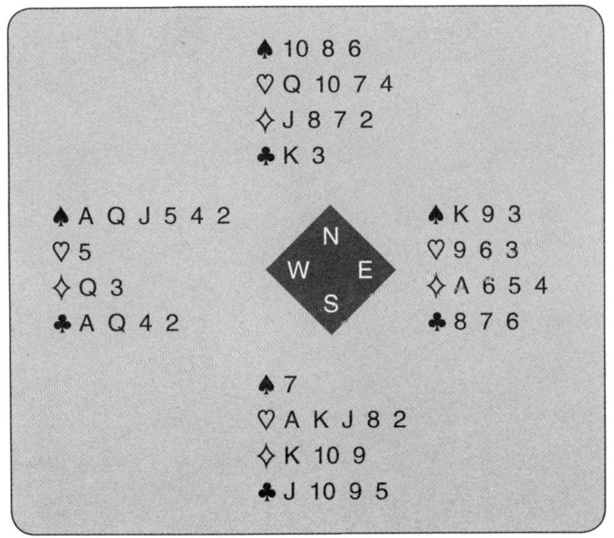

西	北	东	南
			1♡
1♠	2♡	2♠	3♡
4♠	全不叫		

西家有进局的实力，于是简单再叫 4♠。

牌例 36 双方无局

西发牌

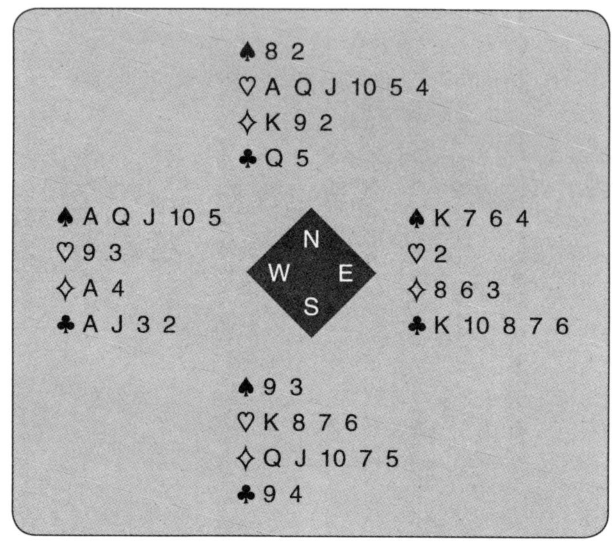

西	北	东	南
1♠	2♡	2♠	3♡
加倍	不叫	4♠	全不叫

高限加倍。

如果西家只希望竞叫，他可以再叫 3♠。由于 3♡的阶数恰好低于 3♠，加倍成为西家显示进局兴趣的唯一叫品。

虽然只有 6 点牌力，但红心是单张并且有四张将牌，东家轻松加叫进局。

牌例 37 东西有局

北发牌

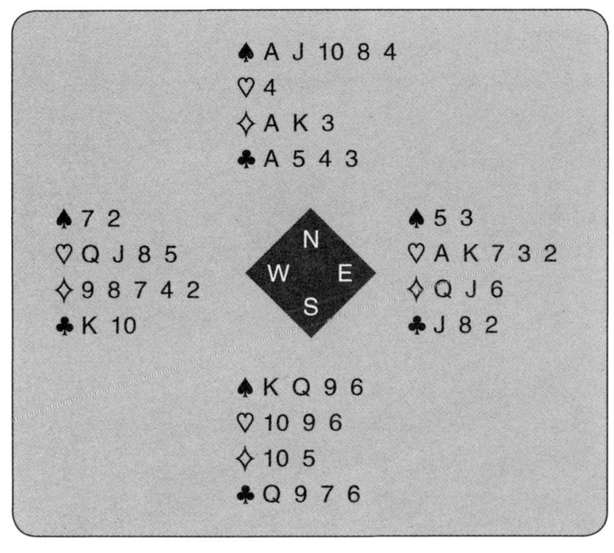

西	北	东	南
	1♠	2♡	2♠
3♡	4♠	全不叫	

北家并没有使用高限加倍表示进局兴趣，因为他知道联手已经有充足的进局实力，于是他简单成局。

牌例 38 双方有局

北发牌

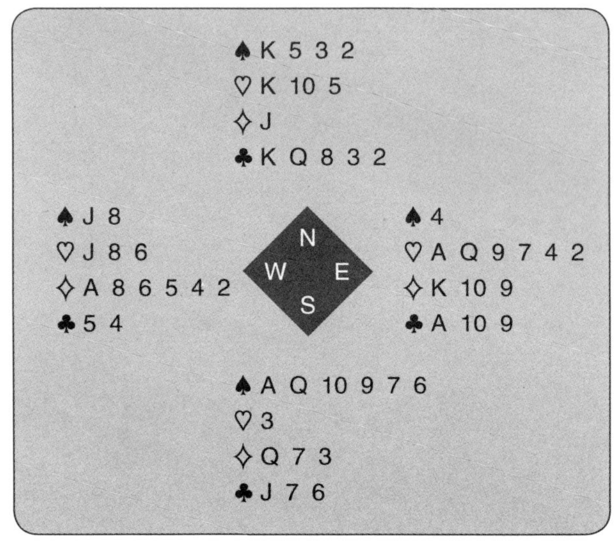

西	北	东	南
	1♣	1♡	1♠
2♡	2♠	3♣	3♢
不叫	4♠	全不叫	

东家的 3♣是帮张邀叫，要求西家在梅花上有帮助时进局。

南家的 3♢是黑桃定约的成局试探。如果南家只希望竞叫，他可以简单再叫 3♠。

北家有四张将牌以及单张方块，加叫进局是顺理成章的。

牌例 39 双方无局

南发牌

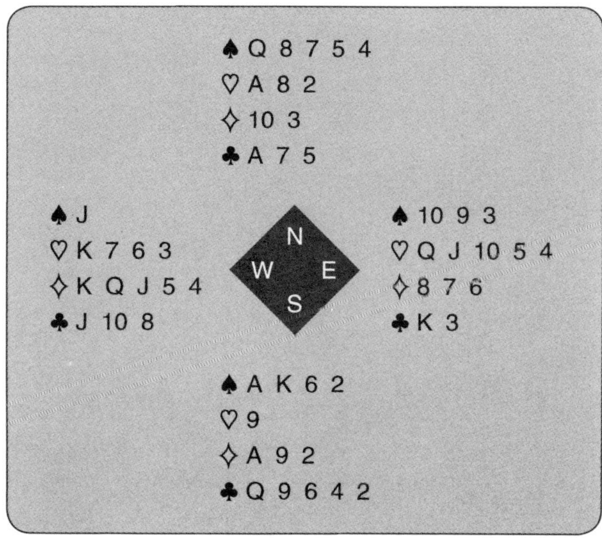

西	北	东	南
			1♣
1♢	1♠	2♢	2♠
3♢	3♡	不叫	4♠
全不叫			

北家的 3♡是黑桃定约的成局试探，因为 3♡是 3♢与 3♠之间的唯一叫品。

如果北家只希望竞叫，他可以简单再叫 3♠。

牌例 40 南北有局

西发牌

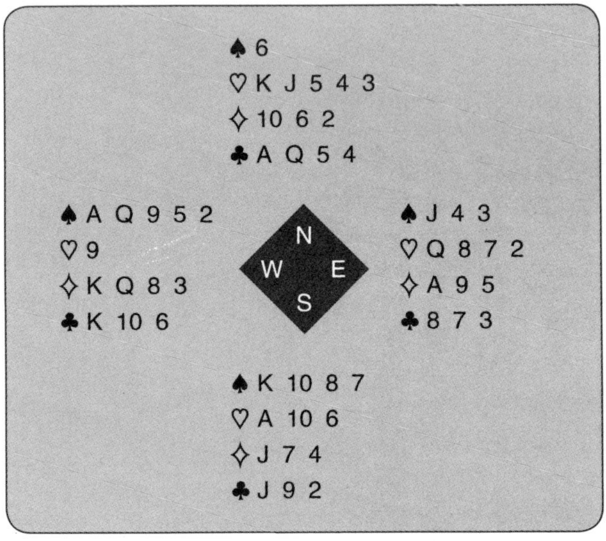

西	北	东	南
1♠	2♡	2♠	3♡
加倍	不叫	3♠	全不叫

西家的加倍是高限加倍，要求同伴持好牌加叫成局。

东家持低限牌力，4－3－3－3 牌型并且只有三张将牌，于是 3♠止叫。

常见错误概念

牌手使用加倍时的一些错误和误解必须澄清。

正确或错误?

排除性加倍承诺敌方花色上是短套，除非你有 17⁺ 牌力或者等同的获取赢墩的能力。正确

如果一位牌手曾经做过不叫，他可以在第二次叫牌时以较少的牌点参与叫牌，因为他的同伴已经明确知道他的牌力有限。正确

如果你加倍，你的同伴必须叫牌。错误

如果是以下两种局势，同伴可以不叫牌:

1. 如果同伴的右手敌方参与叫牌;

2. 如果同伴在敌方花色上有非常强的实力，他相信打宕敌方要比己方叫牌有更好的分数。在这种情况下，同伴不叫就将排除性加倍转化为惩罚性加倍。这种局势发生的机会微乎其微，大致98% 的情况下叫牌总是正确的。

敌方开叫 1NT 后你可以使用排除性加倍。错误

加倍敌方的无将开叫或者争叫都是惩罚性加倍。

持五张套时同样可以使用排除性加倍。正确

如果五张套的质量较弱，并且整手牌符合排除性加倍的其他标准，你就可以使用排除性加倍。

牌手经常犯的一个错误是以叫牌替代加倍。正确

加倍是非常灵活的叫品，使得同伴可以参加叫牌的决策过程。很多情况下，牌手拘泥于自己的持牌或者固有想法，却忘记了还有同伴的存在。当你身处竞叫过程中，对是否叫牌犹豫不决时，你同样不要忘记“我是否应该加倍”。

练习牌例

牌例 1 双方无局

北发牌

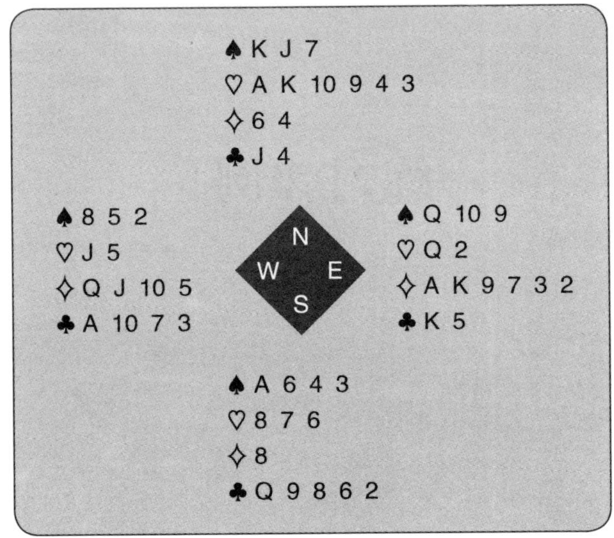

西	北	东	南
	1♡	2♢	2♡
3♢	3♡	全不叫	

北家的 3♡并非邀请进局。

如果北家打算试探进局，他可以加倍 3♢一高限加倍。

目前的 3♡仅仅是竞叫。

牌例 2 南北有局

东发牌

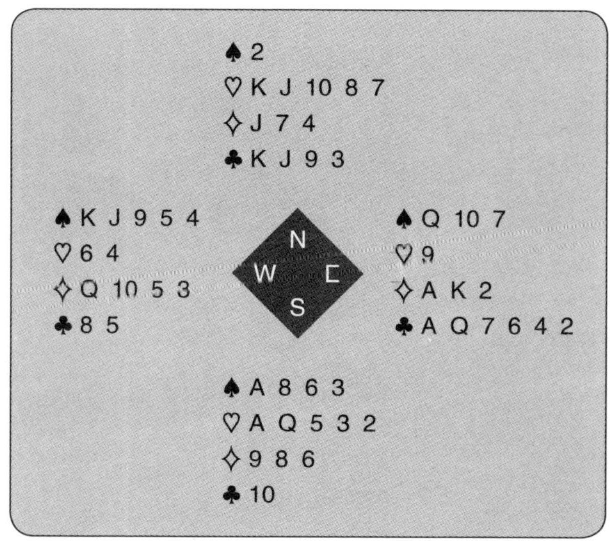

西	北	东	南
		1♣	1♡
1♠	4♡	4♠	全不叫

西家没有选择加倍，因为此时的加倍为负加倍，表示只有四张黑桃。1♠表明五张黑桃以及 6^+点牌力。

牌例 3 东西有局

南发牌

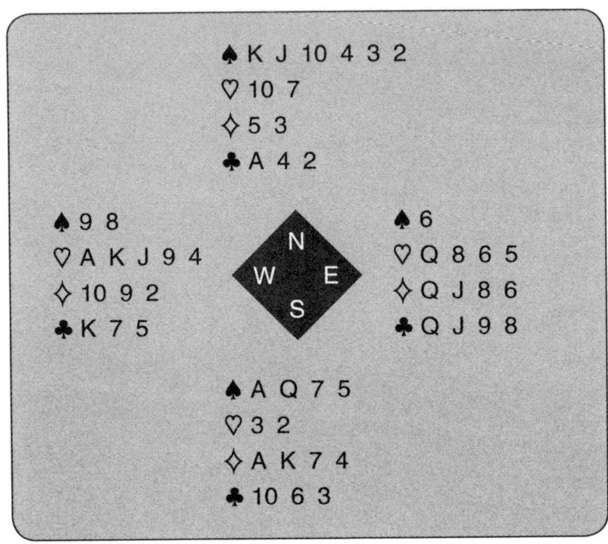

西	北	东	南
			1♢
1♡	1♠	2♡	2♠
3♡	加倍	不叫	4♠
全不叫			

北家的加倍是高限加倍。

北家的叫品表示有邀请实力。

南家感觉自己的牌足够进局，于是跳叫 4♠。

请记住，南家的 2♠承诺四张黑桃支持，因为如果只有三张黑桃，他可以使用支持性加倍。

牌例 4 东西有局

西发牌

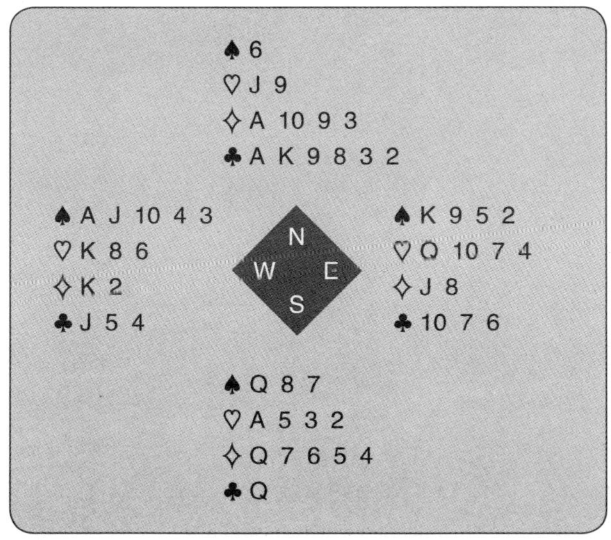

西	北	东	南
1♠	2♣	2♠	加倍
不叫	3♢	全不叫	

南家的加倍是应叫性加倍。

南家的加倍承诺至少四张方块和四张红心，以及对应叫牌阶数相应的牌力（8⁺ 大牌点或者有额外的牌型作为补偿，因为南家已经迫使同伴在三阶叫牌）。

西家不叫后北家必须叫牌，在同伴显示的两门花色中他选择叫较长的一门。

在有些情况下，北家被迫再叫自己的争叫花色。但即便这种情况，也只承诺五张套。

牌例 5 南北有局

北发牌

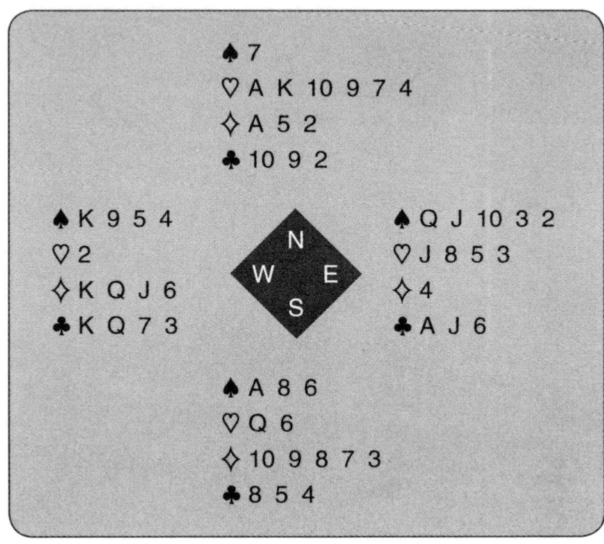

西	北	东	南
	1♡	不叫	1NT
加倍	2♡	3♠	不叫
4♠	全不叫		

西家的加倍是排除性加倍。

西家的加倍表示红心短套（0-1-2），11⁺大牌点，在其他三门花色至少各有三张。

东家跳叫黑桃表示 10 ～ 11 点以及黑桃套。

西家继续加叫成局。

牌例 6 南北有局

东发牌

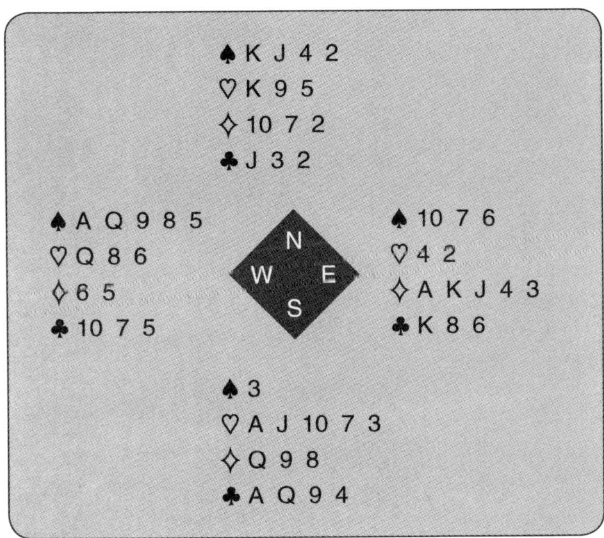

西	北	东	南
		1♢	1♡
1♠	2♡	加倍	3♡
全不叫			

东家的加倍是支持性加倍。

东家的加倍表示三张黑桃支持。

3♡之后西家不叫，否认了有竞叫到三阶的实力。

随后东家不叫，同样否认了有竞叫到三阶的实力。

请记住，西家应叫 1♠已经承诺 5^+ 张黑桃，因为如果只有四张黑桃，他可以使用负加倍。

牌例 7 双方有局

南发牌

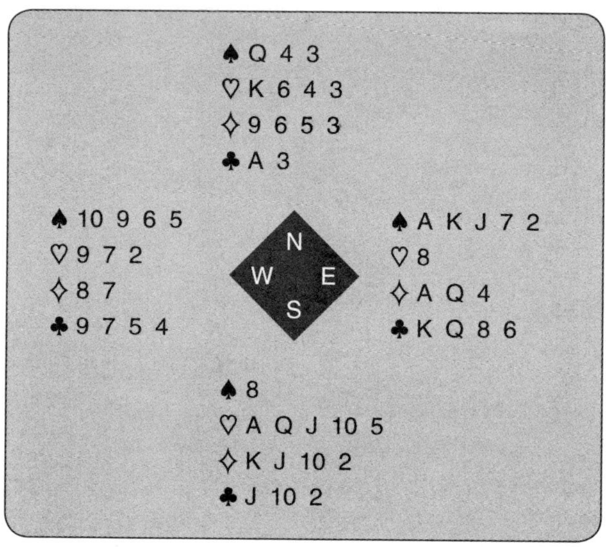

西	北	东	南
			1♡
不叫	2♡	2♠	3♡
不叫	不叫	加倍	不叫
3♠	全不叫		

东家的加倍是重开叫加倍。

如果东家不叫，叫牌就以此结束，于是敌方将主打 3♡定约。东家有强大的实力，足以惩罚南北方（如果同伴在红心上有很强的实力）或者从他们手中抢到最终定约。东家要求西家“采取明智的行动”。西家根本看不到打宕 3♡的希望并且有黑桃配合，于是加叫 3♠。

牌例 8 双方无局

西发牌

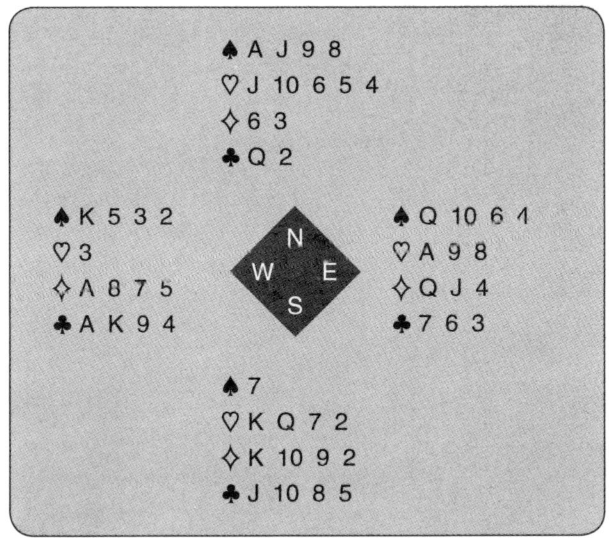

西	北	东	南
1♢	不叫	1♠	不叫
2♠	不叫	不叫	加倍
不叫	3♡	全不叫	

南家的加倍是平衡性加倍。

如果南家不叫，叫牌即将结束。南家知道东西方持低限牌力，自己与同伴拥有大致一半的牌点。

南家加倍要求同伴叫牌，显示梅花和红心两套（也可能有方块套）。虽然北家有很好的四张黑桃，但考虑到同伴在第一次机会没有参与叫牌，他知道同伴的牌力少于 11 点，因而将排除性加倍转化为惩罚性加倍并不是符合逻辑的选择。跳叫红心表示强牌同样是不切实际的，因为进局的可能性很小。

南家在最低的阶数应叫 3♡。

牌例 9 东西有局

北发牌

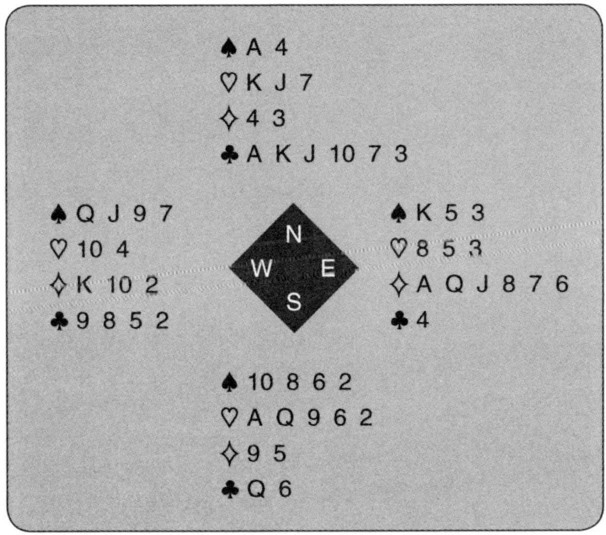

西	北	东	南
	1♣	1♢	1♡
加倍	再加倍	不叫	2♡
不叫	3♣	不叫	4♡
全不叫			

西家的加倍是金鱼草加倍，表示有四张黑桃以及应叫牌力。

北家的再加倍是支持性再加倍，表示三张红心支持。

南家再叫 2♡既不确定也不否定红心的额外张数，仅仅表示低限牌力。

北家再叫 3♣显示梅花长套（6^+）以及中限牌力（15 ～ 17 点）。

南家跳叫 4♡确认有五张以上红心并且有进局的牌力。

牌例 10 双方有局

东发牌

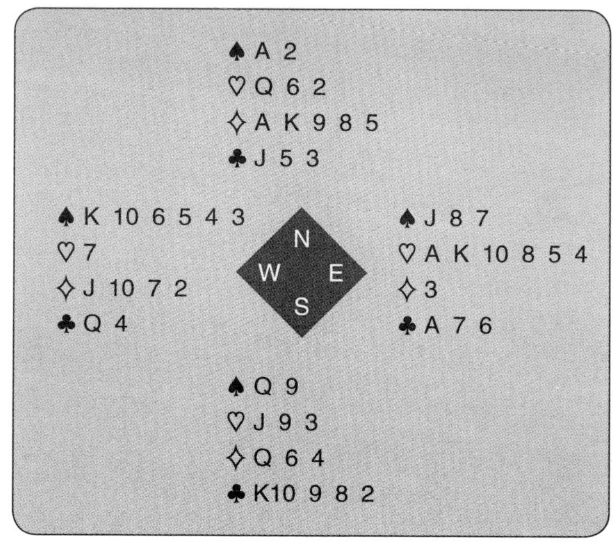

西	北	东	南
		1♡	不叫
1♠	2♢	加倍	3♢
不叫	不叫	3♡	不叫
3♠	全不叫		

东家的加倍是支持性加倍。

东家的加倍承诺三张黑桃支持。

西家的不叫既没有确认也没有否认持有的黑桃张数，仅仅否定了在三阶叫牌的意愿。

东家再叫 3♡显示六张以上红心以及竞叫的意愿。

西家改叫 3♠，表示五张以上黑桃并且是弱牌。

牌例 11 双方无局

南发牌

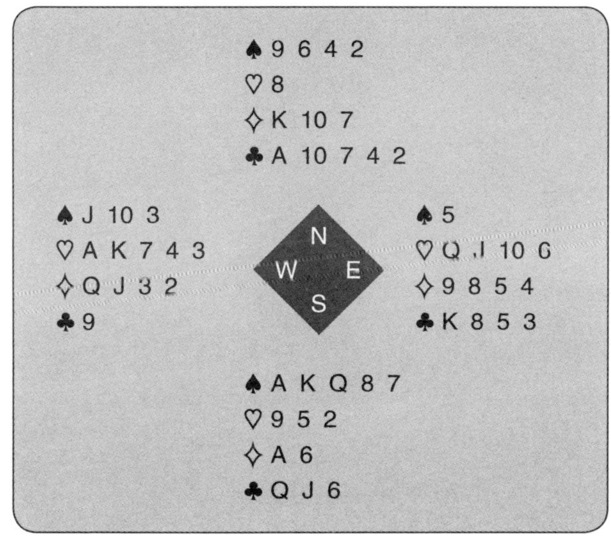

西	北	东	南
			1♠
2♡	2♠	3♡	加倍
不叫	4♠	全不叫	

南家的加倍是高限加倍。

南家的加倍表示如果北家的牌力是加叫 2♠的高限，联手已经有进局的实力。

北家持单张红心，四张黑桃以及♣A 和♢K，认为自己的牌力足够再叫 4♠。

请记住，如果没有邀请进局的实力，南家可以简单再叫 3♠。

牌例 12 南北有局

西发牌

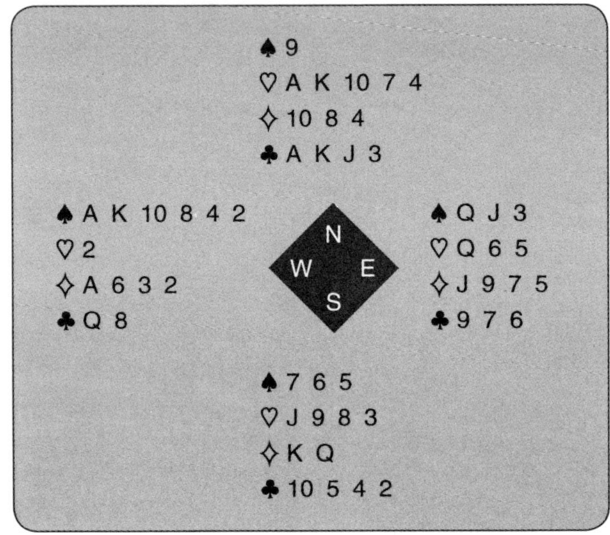

西	北	东	南
1♠	2♡	2♠	3♡
加倍	不叫	3♠	全不叫

西家的加倍是高限加倍。

西家的加倍显示邀叫实力。

东家再叫 3♠表示没有进局的实力。

牌例 13 双方有局

北发牌

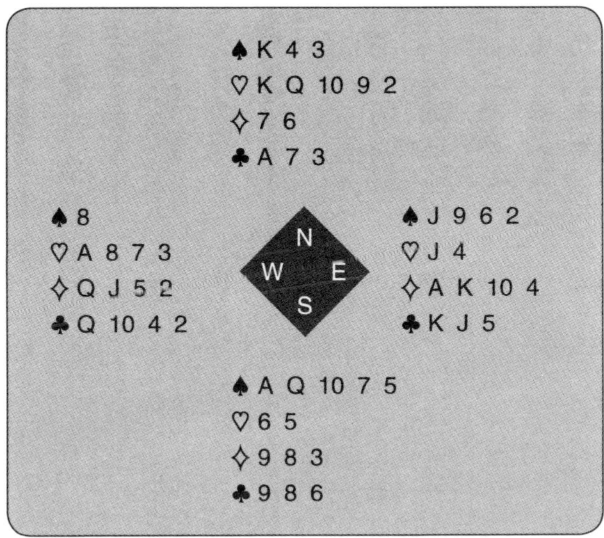

西	北	东	南
	1♡	加倍	1♠
加倍	1NT	2♢	全不叫

东家的加倍是排除性加倍。

东家的加倍表示红心短套，11⁺ 牌力，在其他三门花色每门至少有三张。

西家的加倍是应叫性加倍。

西家的加倍表示在二门低花中至少 4—4，以及至少 6 点牌力，东家选择再叫方块。

牌例 14 双方无局

东发牌

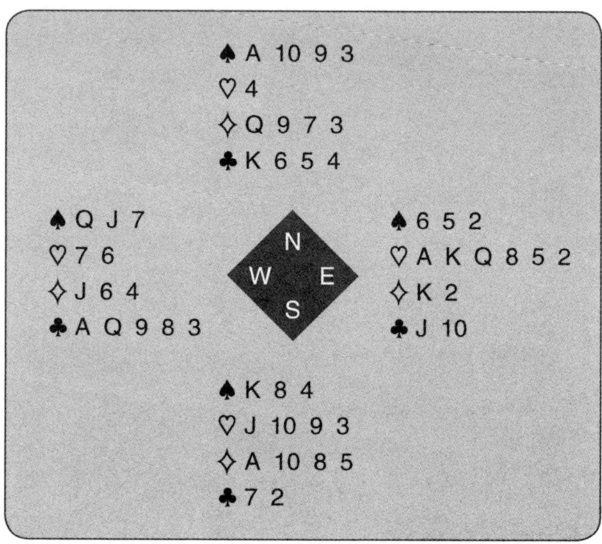

西	北	东	南
		1♡	不叫
2♣	不叫	2♡	不叫
不叫	加倍	不叫	3♢
全不叫			

北家的加倍是平衡性加倍。

北家的加倍表示至少四张方块以及至少四张黑桃。北家的牌力通常少于 11 点（否则他应该在第一次机会叫加倍），但要记住，在第一次叫牌机会时，北家并不确定东西方联手的牌力有多强。直到东家在最低阶重叫开叫花色表示低限，并且西家随后不叫显示低限牌力后，北家认定南家应该有一些牌力。

南家选择应叫方块。

牌例 15 南北有局

南发牌

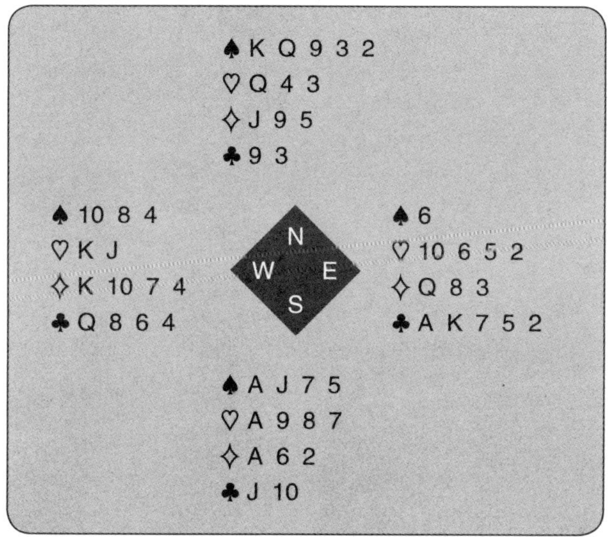

西	北	东	南
			1♢
不叫	1♠	不叫	2♠
不叫	不叫	加倍	不叫
3♣	3♠	全不叫	

东家的加倍是平衡性加倍。

东家的加倍承诺至少四张梅花和四张红心，以及 8 ～ 10 点牌力。

西家选择应叫梅花。北家再叫 3♠后，东西就不应该继续叫牌。

请记住：一旦在竞叫中将敌方抬高一阶……你方已经完成了己方的使命。不要继续叫牌。

牌例 16 东西有局

西发牌

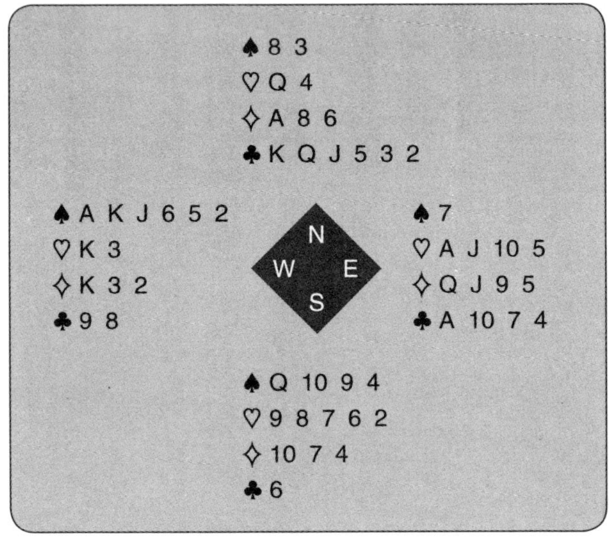

西	北	东	南
1♠	2♣	加倍	不叫
2♠	不叫	2NT	不叫
3NT	全不叫		

东家的加倍是负加倍。

东家的加倍表示 6⁺ 点牌力以及四张以上红心。西家再叫黑桃后，东家再叫 2NT 显示自己的牌力（11 ～ 12 点）。

请记住：东家不能直接应叫 2♡，因为他只有四张红心，应叫 2♡承诺至少五张红心。

牌例 17 双方无局

北发牌

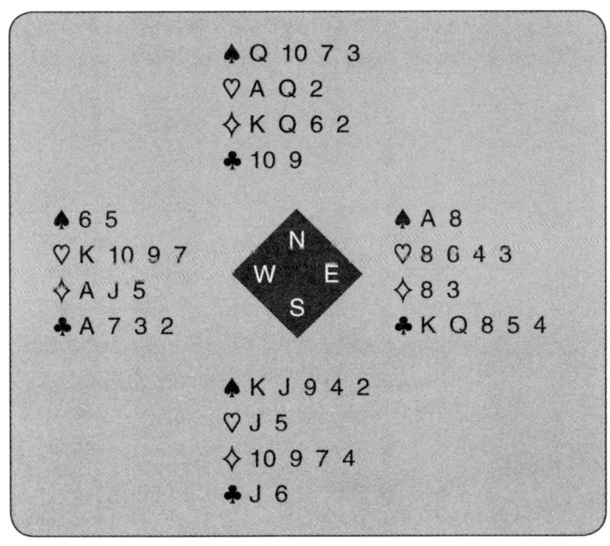

西	北	东	南
	1♢	不叫	1♠
加倍	2♠	3♣	全不叫

西家的加倍是排除性加倍。

此时已经叫过两门花色，加倍承诺未叫过的两门上每门至少有四张以及 11^+ 点牌力。

北家叫牌后东家没有叫牌的义务，但他选择叫牌基于自己持一手建设性的牌（7 ～ 9 点，或者基于牌型有等同的牌值）。

牌例 18 东西有局

东发牌

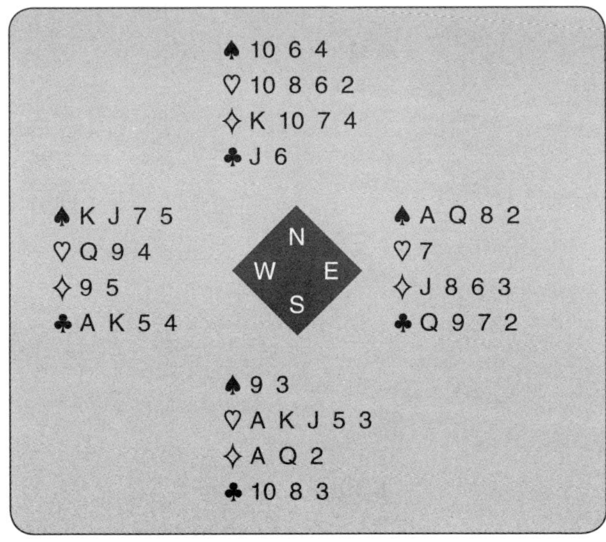

西	北	东	南
		不叫	1♡
不叫	不叫	加倍	不叫
2♠	全不叫		

东家的加倍是平衡性加倍。

如果东家不叫，叫牌即将结束，于是敌方得以主打 1♡定约。

虽然牌力不足 10 点，但东家可以加倍因为他持有完美的牌型（4441）并且原本已经做过不叫。

西家跳叫 2♠表示一手不错的牌（12+ ～ 14 点）。响应同伴的排除性加倍，西家的跳叫原本只需 9 ～ 12 点，但现在他一定有更好的牌，因为同伴已经表示没有开叫实力。

东家的牌力接近加倍的最低限，于是选择不叫。

牌例 19 双方无局

南发牌

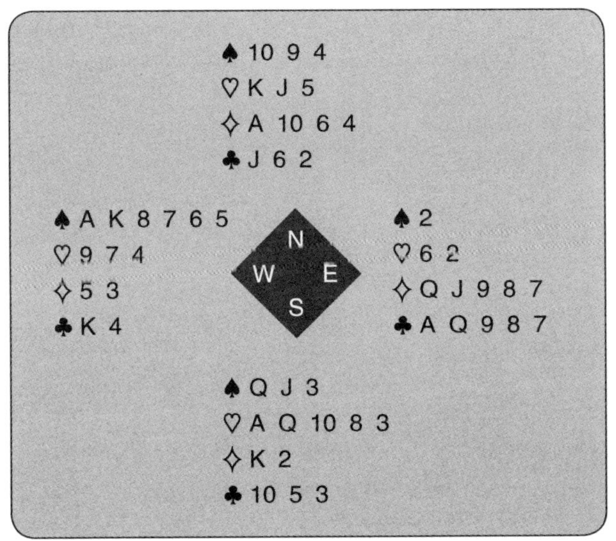

西	北	东	南
			1♡
1♠	2♡	加倍	不叫
2♠	全不叫		

东家的加倍是应叫性加倍。

东家表示每门低花至少有四张。

西家表示黑桃有额外长度，并且对低花没有配合。

牌例 20 东西有局

西发牌

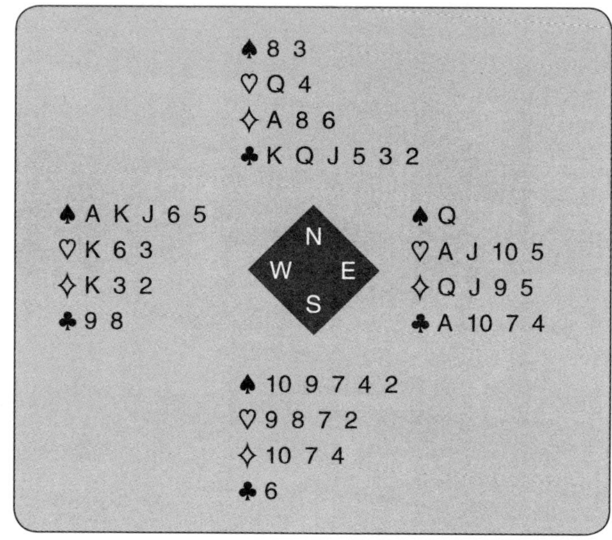

西	北	东	南
1♠	2♣	加倍	不叫
2♠	不叫	3NT	全不叫

东家的加倍是负加倍。

东家的加倍表示 6+ 点牌力以及四张以上红心。西家再叫黑桃后，东家再叫 3NT 显示实力（13+ 点）。

请记住：东家不能直接应叫 2♡，因为他只有四张红心，应叫 2♡承诺至少五张红心。

牌例 21 双方无局

北发牌

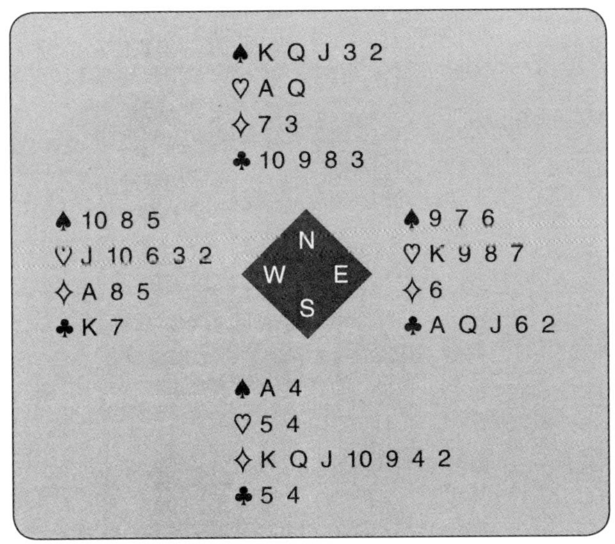

西	北	东	南
	1♠	2♣	2♢
加倍	不叫	2♡	全不叫

西家的加倍是金鱼草加倍。

西家的加倍表示 6⁺ 点牌力以及五张以上红心。虽然红心有配合但牌力是低限，于是东家再叫 2♡。

牌例 22 双方有局

东发牌

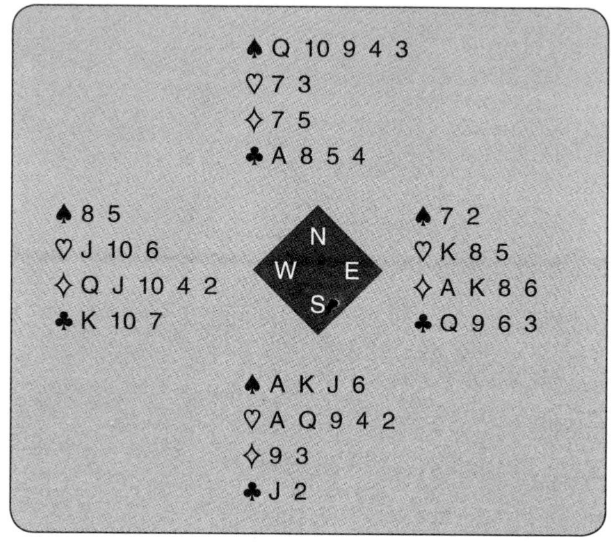

西	北	东	南
		1♢	1♡
2♢	加倍	不叫	2♠
全不叫			

北家的加倍是应叫性加倍。

北家的加倍表示 6+ 点牌力，至少四张黑桃和四张梅花。

南家选择叫黑桃。

牌例 23 东西有局

南发牌

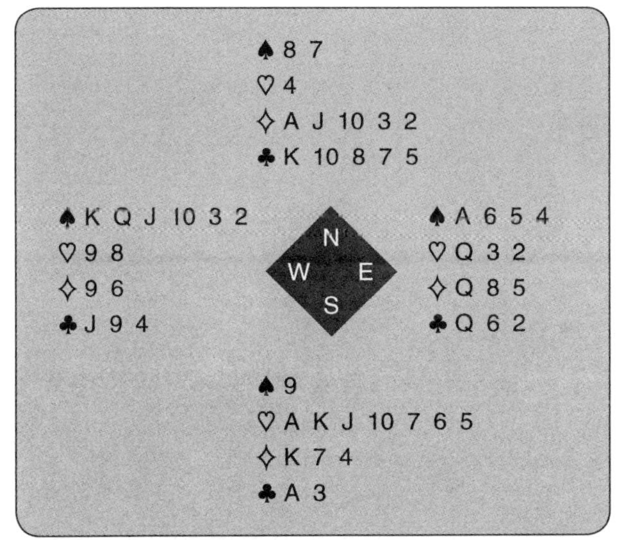

西	北	东	南
			1♡
2♠	加倍	3♠	4♡
全不叫			

北家的加倍是负加倍。

由于已经叫过二门高花，此时的加倍承诺二门低花至少四张。同时承诺一定的牌力，因为他将迫使同伴在三阶再叫低花。

南家再叫 4♡显示独立套，并且基于同伴的负加倍，联手已经具备成局的实力。

牌例 24 南北有局

西发牌

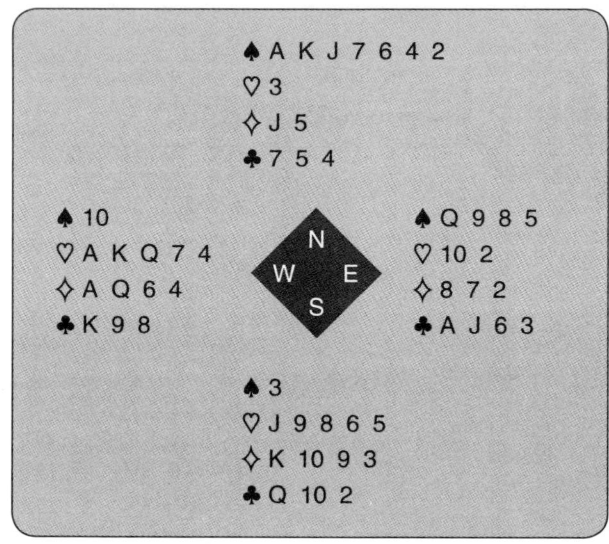

西	北	东	南
1♡	3♠	不叫	不叫
加倍	全不叫		

西家的加倍是重开叫加倍。

西家加倍后东家不叫，将排除性加倍转化为惩罚性加倍。东家预期西家持有好牌（15^+ 点），因为他的加倍将迫使东家在四阶叫牌。

东家有两个确定的赢墩——一墩黑桃和一墩梅花，而且第四张黑桃很有可能吃到额外的一墩。

请记住：如果东家在第一次叫牌机会直接加倍，此时的加倍是负加倍。